Die Kunst, mit sich allein zu sein

Der Verlag dankt der Buddhastiftung für die Unterstützung bei der Übersetzung des Buches.

STEPHEN BATCHELOR

Die Kunst, mit sich allein zu sein

Übersetzung aus dem Englischen von Saskia Graf

edition steinrich

Bibliografische Information der Deutschen Bibliothek:
Die Deutsche Bibliothek verzeichnet diese Publikation in der Deutschen Nationalbibliografie; detaillierte bibliografische Daten sind im Internet über http://dnb.d-nb.de abrufbar.

www.edition-steinrich.de

Originaltitel: *The art of solitude*
Originally published by Yale University Press

Übersetzung: Saskia Graf, Buddhastiftung
Lektorat: Ursula Richard
Korrektorat: Carl Polónyi
Umschlagcollage: © Stephen Batchelor
Umschlaggestaltung: Grafikbüro Schadenberg, Berlin
Gestaltung und Satz: Traudel Reiß
Druck: Westermann Druck Zwickau
Printed in Germany

ISBN Print 978-3-942085-73-1
ISBN ebook 978-3-942085-74-8

Inhalt

Zieh dich in dich zurück, aber bereite dich allem voran darauf vor, dich dort zu empfangen. Wenn du es nicht verstehst, dich selbst zu geleiten, wäre es doch Wahnsinn, dich dir selbst anzuvertrauen. Es gibt Wege des Scheiterns in der Einsamkeit wie in der Gesellschaft.
MICHEL DE MONTAIGNE

Denn oft, wenn auf dem Sofa ich ruh'
Leer oder in Nachdenklichkeit,
Leuchten sie auf, jenem inner'n Auge zu,
Das ist die Wonne der Einsamkeit;
Mein Herz vor Freude hingerissen
Tanzt dann mit den Narzissen
WILLIAM WORDSWORTH

Solitude ist in der englischen Originalausgabe ein zentraler Begriff, was sich bereits im Titel *The Art of Solitude* ausdrückt. Im Deutschen haben wir, um bei diesem (im Französischen wie im Englischen) äußerst vielschichtigen Begriff die jeweils stimmige Nuance zu treffen, je nach Kontext, Einsamkeit, Mit-sich-Alleinsein, Fürsichsein oder Abgeschiedenheit als Übersetzung gewählt.

Einleitung

Mit sich allein sein ist ein fließendes Konzept, das von den Tiefen eines Verlassenheitsgefühls bis zur mystischen Entrückung eines Heiligen reicht. In seinem Gedicht *La Fin de Satan* [Das Ende Satans] unterstrich der Schriftsteller Victor Hugo, dass »die Gesamtheit der Hölle in einem einzigen Wort enthalten ist: *Einsamkeit*«. Später räumte er ein: »Einsamkeit ist gut für große Geister, aber schlecht für kleine. Sie plagt den Verstand, den sie nicht erhellt.« Allerdings vermochte Hugo nicht so weit zu gehen wie sein älterer englischer Zeitgenosse, William Wordsworth, für den Einsamkeit eine »Wonne« war, die das Herz mit Freude erfüllte. Ich vermeide weitgehend die Extreme von Hölle und Glückseligkeit und werde hier den mittleren Weg des Mit-sich-Alleinseins untersuchen, den ich als Ort der Autonomie, des Staunens, der Kontemplation, der Vorstellungskraft, der Inspiration und der Fürsorge betrachte.

Ich behandle Mit-sich-Alleinsein als eine Form der Praxis, eine Lebensweise – wie sie gleichermaßen von Buddha und Montaigne verstanden wurde –, anstatt sie als einen individuellen psychischen Zustand zu analysieren. Isolation und Entfremdung betrachte ich als die dunklen, tragischen Seiten des Mit-sich-Alleinseins. Eingebettet in unser sterbliches Dasein sind aber beide Teil dessen, was es bedeutet, allein zu sein, ob in einer Klosterzelle, einem Künstleratelier oder einer problembeladenen Ehe. Mit sich allein sein ist, wie die Liebe, zu komplex und eine zu grundlegende Dimension menschlichen Lebens, als dass sie je mit einer einzigen Definition erfasst werden könnte. Meine Absicht ist es nicht, Mit-sich-Alleinsein zu »erklären«. Ich möchte seinen Reichtum und seine Tiefe offenlegen, indem ich Geschichten von Menschen erzähle, die Mit-sich-Alleinsein gelebt haben und leben.

Dieses Buch ist eine facettenreiche, parataktische Erkundung dessen, was meine eigene Praxis des Mit-sich-Alleinseins in den vergangenen vierzig Jahren unterstützt hat. Ich habe Zeit an abgelegenen Orten verbracht, schätze die Kunst und betätige mich selbst künstlerisch, praktiziere Meditation und nehme an Retreats teil, habe Peyote und Ayahuasca zu mir genommen und übe mich darin, mir einen offenen, hinterfragenden Geist zu bewahren – all das hat dazu beigetragen, dass ich gut allein sein und mich dabei wohlfühlen kann.

2013 bin ich sechzig Jahre alt geworden. Ich habe eine einjährige Auszeit von meiner Arbeit als Meditations- und Philosophielehrer genommen und einen Großteil des Jahres mit Reisen, Studieren und dem Erstellen von Collagen verbracht. Im Januar fuhr ich mit dem Bus von Mumbai nach Bhopal, um die alten Felsentempel Indiens zu besuchen; im März nahm ich an einem Kolloquium über Säkularen Buddhismus im Barre Center for Buddhist Studies in Massachusetts teil; im Oktober führte mich eine Pilgerreise nach Südkorea zu Ehren des dreißigsten Todestages meines Zen-Lehrers Kusan

Sunim; und im November flog ich nach Mexiko, um mit Don Toño, einem Schamanen des Huichol-Stammes, an einem Medizinkreis teilzunehmen.

Im Rahmen des Kolloquiums in Barre präsentierte der Dharma-Lehrer und Gelehrte Gil Fronsdal seine Arbeit über eine frühe buddhistische Schrift auf Pali namens *Achter-Buch* (*Aṭṭhakavagga*). In ihrer Direktheit, Einfachheit und Nüchternheit halten die 209 Verse des *Achter-Buches* die prägnanten Äußerungen des Buddha fest, als er in den Jahren vor der Gründung einer Gemeinschaft, »allein wie ein Nashorn umherwanderte«. Die Verse kommen weitgehend ohne buddhistische Terminologie aus und sie propagieren ein von Meinungen und Dogmatismus befreites Leben.

Das *Achter-Buch* hat mich tief beeindruckt. Fasziniert von der Möglichkeit, die vier achtstrophigen Gedichte ziemlich am Anfang des Textes könnten die frühesten Aufzeichnungen der Lehre des Buddha sein, beschloss ich, sie ins Englische zu übersetzen. Inspiriert von ihrem Rhythmus und ihren Metaphern habe ich sie eher als Poesie denn als heilige Schrift behandelt. Ich nannte meine Übersetzung die *Vier Achter*.

Die *Vier Achter* beginnt mit der Frage nach dem Mit-sich-Alleinsein an sich:

> Die Kreatur, in ihrer Zelle verborgen –
> ein Mensch, in dunklen Leidenschaften versunken,
> ist weit, weit davon entfernt, mit sich allein in Frieden zu sein.
> VIER ACHTER, 1:1

Ich habe den Pali-Begriff *guhā* mit »Zelle« übersetzt, obwohl man ihn ebenso als »Höhle« oder »Versteck« hätte übertragen können. *Guhā* ist auch mit dem Wort *guyha* verwandt, was »Geheimnis« bedeutet. Wir können uns im dunklen, stillen Innern einer Höhle verstecken und uns sicher fühlen. Ebenso können wir uns an jene intimen Orte in uns selbst zurückziehen, die einen vergleichbaren Schutz zu bieten scheinen, an denen wir unser geheimes Leben allein und ungestört führen können.

In einem Brief an ihre Freundin Monna Alessa dei Saracini schrieb die Gelehrte und Mystikerin Katharina von Siena im 14. Jahrhundert:

> Errichte zwei Häuser für dich selbst, meine Tochter. Ein tatsächliches Zuhause in deiner Zelle, um nicht an vielen Orten umherlaufen zu müssen, es sei denn, dies sei notwendig oder aus Gehorsam gegenüber der Priorin oder um der Nächstenliebe willen; und ein anderes geistiges Zuhause, das du immer bei dir tragen solltest – die Zelle der wahren Selbsterkenntnis, in der du in dir selbst Einsicht in die Güte Gottes finden wirst.

Die »Kreatur, verborgen in ihrer Zelle« muss keine Nonne sein, die in einem Kloster meditiert. Es könnte jeder sein, der sich in einer geschäftigen, lauten Stadt isoliert und allein fühlt. Doch jeder dieser einsamen, von geheimen Ängsten heimgesuchten und paralysierten Menschen wäre für den Autor der *Vier Achter* »weit, weit entfernt davon, mit sich allein in Frieden zu sein«.

Mit sich allein sein bedeutet mehr als einfach nur allein sein. Wahres Mit-sich-Alleinsein ist eine Weise zu sein, die der Kultivierung bedarf. Man kann sie nicht nach Belieben ein- und ausschalten. Mit-sich-Alleinsein ist eine Kunst. Man benötigt Geistesschulung, um sie zu verfeinern und zu stabilisieren. Wenn man Mit-sich-Alleinsein praktiziert, gibt man sich der Pflege der Seele hin.

Für diejenigen, die Religion zugunsten eines säkularen Humanismus verworfen haben, kann der Begriff des Mit-sich-Alleinseins Genusssucht, Nabelschau oder Solipsismus implizieren. Manche mögen sich vom Mit-sich-Alleinsein als Weg angezogen fühlen, weil sie meinen, sich so der Verantwortung entziehen und Beziehungen vermeiden zu können. Aber für viele bietet Mit-sich-Alleinsein die Zeit und den Raum, um die nötige innere Ruhe und Autonomie zu entwickeln, sich wirkungsvoll und kreativ mit der Welt auseinanderzusetzen. Momente der stillen Kontemplation, sei es vor einem Kunstwerk oder während man den eigenen Atem beobachtet, ermöglichen es uns, zu überdenken, worum es uns im eigenen Leben geht, und darüber nachzusinnen, was für uns am wichtigsten ist. Mit-sich-Alleinsein ist kein Luxus für die wenigen, die Muße haben. Es ist eine Dimension des Menschseins, der wir nicht entrinnen können. Ob wir nun eifrige Gläubige oder eifrige Atheistinnen sind, im Mit-sich-Alleinsein begegnen wir den gleichen existenziellen Fragen und untersuchen sie.

Meine Berichte in diesem Buch über die Einnahme von Psychedelika bei schamanischen Zeremonien sollten nicht als pauschale Befürwortung ihrer Verwendung verstanden werden. Ich beschreibe eine in meiner persönlichen und kulturellen Geschichte verwurzelte Reise. Sie mag für Leserinnen und Leser von Belang sein oder auch nicht. Die meisten Buddhistinnen und Buddhisten werden die Einnahme von Peyote und Ayahuasca wohl als Verletzung der Ethikregel bezüglich den Geist berauschender Mittel ansehen und somit als mit der Dharma-Praxis unvereinbar. Beim Schreiben von *Die Kunst, mit sich allein zu sein* ist es eines meiner Hauptanliegen gewesen, einen konstruktiveren Weg zu finden, über das umstrittene Thema Drogen in unserer gehörig unter Medikamenteneinfluss stehenden Gesellschaft zu sprechen. Wie die aktuelle Opioid-Epidemie in den Vereinigten Staaten verdeutlicht, mühen sich sowohl weltliche als auch religiöse Institutionen damit ab, Wege zu finden, um klug und mitfühlend auf diese Krise zu reagieren. Statt eine Reaktion auf die binäre Opposition zwischen Genuss (schlecht) und Abstinenz (gut) zu stützen, benötigen wir ein fundierteres und differenzierteres Verständnis, wie man Substanzen nutzt, die das menschliche Bewusstsein, Empfinden und Verhalten verändern. Indem ich die Anwendung von Psychedelika in die Praxis des Mit-sich-Alleinseins einbeziehe, möchte ich sie in einen breiteren kulturellen Diskurs integrieren, der Meditation, Therapie, Philosophie, Religion und Kunst umfasst.

Dieses Buch ist aus meinen Wanderungen, Erkundungen und Studien heraus erwachsen; seine Struktur wurde jedoch durch meine zwanzigjährige Praxis, Collagen aus gefundenen Materialien herzustellen, geformt. Wohin ich auch gehe, ich sammle weggeworfene Papier-, Stoff- und Plastikreste, die ich auf Karton klebe, dann zerschneide und zu quadratischen Mosaiken anordne. Dieser Prozess verwandelt zufällig gefundene Müllfetzen in Kunstwerke, die nach vorher festgelegten, formalen Regeln strukturiert sind, und macht jede Collage zu einer Kombination aus Zufall und Ordnung. *Die Kunst, mit sich allein zu sein* wurde auf ähnliche Weise konzipiert und ausgearbeitet. Beim Schreiben habe ich sowohl die strenge metrische Struktur der *Vier Achter* als auch die chaotische Organisation von Montaignes *Essais* berücksichtigt, die beide die Form dieses Buches inspiriert haben.

Montaigne beobachtete, dass sich in der Malerei »manchmal das Werk aus der Hand des Malers losreißt, seine Vorstellungskraft und sein Verständnis überflügelt, ihn staunen lässt und tief bewegt«. Die Anmut und die Schönheit solcher Werke werden »nicht nur ohne die Absicht des Künstlers, sondern auch ohne sein Wissen« erreicht. In gleicher Weise »findet ein aufmerksamer Leser oftmals in den Schriften anderer noch weitere Schätze als diejenigen, die dort vom Autor platziert oder auch nur von ihm bemerkt wurden, und verleiht so diesen Texten einen reicheren Bedeutungsgehalt und Charakter«. Indem ich dieses Buch in Form einer Collage verfasste, habe ich versucht, meine schriftstellerische Einflussnahme zu dämpfen und so den Text zu befreien, damit er seine eigene Stimme findet.

Meine Collagen sind Übungsstücke in Komposition und Differenzierung. Während der Entfaltung dieses Prozesses hat mich die Frage in ihren Bann gezogen, *wie unterschiedliche Dinge zusammenpassen*. Eines meiner Leitprinzipien ist das des Nichtangrenzens. Es bedeutet, dass in der endgültigen Komposition keine zwei Stücke, die ich aus demselben Material ausgeschnitten habe, nebeneinander liegen dürfen. So ist sichergestellt, dass jedes Stück der Collage sich maximal von den es umgebenden Stücken unterscheidet. Dies ermöglicht jedem einzelnen Stück, sich in seinem eigenen »Fürsichsein« deutlich von der Matrix abzuheben, deren integraler Bestandteil es zugleich ist. Das gleiche Prinzip habe ich beim Schreiben dieses Buches angewandt. Keines seiner 32 Kapitel ist einem anderen vorangestellt oder folgt auf eines, das dasselbe Thema behandelt. Und da die Reihenfolge der Kapitel teilweise durch das Zufallsprinzip festgelegt wurde, bedeutete dies, dass ich beim Schreiben eines bestimmten Kapitels keine Ahnung hatte, welches andere Kapitel ihm in der endgültigen Fassung vorausgehen oder nachfolgen würde. Jedes Kapitel musste ich daher als eigenständigen Beitrag schreiben. Indem ich auf jede logische oder erzählerische Kontinuität zwischen den aufeinanderfolgenden Kapiteln verzichte, lasse ich zu, dass die grundverschiedenen Motive und Themenbereiche des Buches in überraschender und erhellender Weise aufeinanderprallen.

Dieses Projekt hat mich zu meinen Anfängen als Autor zurückgeführt. Mein erstes Buch, das 1983 erschien, trug den Titel *Alone with Others: An Existential Approach to Buddhism* [*Mit anderen allein. Eine existentialistische Annäherung an den Buddhismus*]. Wie ich es damals ausdrückte, war ich fasziniert von dem Paradoxon, »immer unausweichlich *allein* und gleichzeitig unausweichlich *zusammen mit anderen* zu sein«. Ich erkenne jetzt, dass eine vergleichbare ästhetische Spannung meine Collagenarbeit geprägt hat. Sich auf die westliche Phänomenologie und den Existenzialismus stützend, vermittelte *Mit anderen allein* ein buddhistisches Verständnis menschlicher Erfüllung (»Erwachen«) durch die Verknüpfung von Weisheit (*allein*) und Mitgefühl (*mit anderen*). Mein Interesse am Mit-sich-Alleinsein ist immer noch von dem gleichen Wunsch getrieben, dieses grundlegende Paradoxon menschlicher Existenz zu verstehen.

Während dieses Buch – manchmal explizit, manchmal implizit – die innere Geschichte meines eigenen Ringens mit dem Buddhismus erzählt und obwohl ich weiterhin auf Quellen und Motive aus jener Tradition zurückgreife, betrachte ich *Die Kunst, mit sich allein zu sein* nicht als ein buddhistisches Buch. Ich bin nicht daran interessiert, eine buddhistische Interpretation des Mit-sich-Alleinseins zu präsentieren. Ich möchte mit Ihnen teilen, was Praktizierende des Mit-sich-Alleinseins mit unterschiedlichen Hintergründen und aus unterschiedlichen Fachgebieten und Traditionen über ihre konkrete Praxis zu berichten haben.

Sechzig zu werden bedeutet für die Chinesen, fünf Zwölfjahreszyklen des Tierkreises abgeschlossen zu haben. Jedes weitere Lebensjahr wird als Bonus, als Geschenk, betrachtet. In Korea lockern sich die strengen Verhaltensregeln der konfuzianischen Gesellschaft mit sechzig. Oft begegnet man Seniorengruppen, die durch die Hügel streifen, Lieder singen, *Soju* trinken und sich zum Affen machen. Ich sehe die fünf Jahre, die ich benötigt habe, um dieses Buch zu schreiben, als ein Geschenk an. Ich hoffe, ich habe sie nicht vergeudet.

Meine Übersetzung der *Vier Achter* ist als Anhang beigefügt. Alle ursprünglich auf Französisch, Pali und Tibetisch verfassten Materialien wurden von mir für dieses Buch neu (ins Englische) übersetzt.

Stephen Batchelor
Aquitaine, Frankreich
Juni 2019

Die Kunst, mit sich allein zu sein

1

Selbst an langen Sommertagen im ländlichen England, wenn es nicht vor 22 Uhr dunkel wurde, bestand meine Mutter darauf, ihre zwei Söhne früh ins Bett zu schicken, was ich sowohl für unfair als auch für sinnlos hielt. Da ich nicht schlafen konnte, pflegte ich meine Augen zu schließen und mir vorzustellen, wie mein liegender Körper sich im Schlafanzug die Wände des Schlafzimmers hinauf und hinab bewegte, gegen die Decke glitt und dann an einem Punkt meiner Wahl verharrte. Ich hatte keinen Zweifel daran, dass ich mich tatsächlich an diesen unmöglichen Orten befand und nicht in meinem Bett. Ich führte diese Manöver Abend für Abend durch. Ich habe sie sehr ernst genommen. Ich habe nie mit jemand darüber gesprochen, was ich tat. Es waren Übungen in reinem Mit-mir-Alleinsein.

Eine weitere Kontemplation während dieser schlaflosen Abende bestand darin, unbeirrbar bei einem Geschmack zu verweilen, der mir nicht von dieser Welt schien. Dieser Geschmack war weder angenehm noch unangenehm, nur völlig anders als alle Geschmäcker, die ich kannte. Er war mir zutiefst vertraut, obwohl ich keine Ahnung hatte, woher er kam. Jetzt kann ich gerade noch einen entfernten, mehr und mehr schwindenden Hauch davon wiederaufleben lassen.

Ich hatte immer wieder Träume vom Fliegen. Mit minimalem Aufwand schwebte ich dann durch die Luft, stieß hinab und stieg hinauf, wie ich wollte. Die Landschaften unter mir waren in Sonnenlicht getaucht, reich an Details und Farben. Als Träumender war mir bewusst, dass diese Träume realer waren als andere Träume. Sobald ein Flugtraum begann, frohlockte mein träumendes Selbst. Wieder wach erinnerte ich mich an diese Flüge mit der Sehnsucht eines Menschen, der in ein bleiernes Reich verbannt worden war.

Manchmal gab ich mir größte Mühe, mein Denken zum Stillstand zu bringen. Mein ständiges Scheitern dabei beunruhigte mich. Ich war machtlos gegenüber dem unerbittlichen Gedankenstrom, der sich fortwährend in mir ergoss. Oder ich verfolgte meinen Weg sorgfältig zurück durch die wachen Stunden des Tages auf der Suche nach Momenten, in denen ich frei von Sorgen gewesen war. Wenn ich mich für »glücklich« hielt, war ich mir stets eines blassen Schattens von Angst bewusst, der in der Nähe lauerte. Etwas konnte immer schiefgehen.

Dies waren meine ersten, naiven, nicht angeleiteten Versuche in dem, was ich heutzutage als Meditation bezeichnen würde. Durch die Erforschung der Texturen und Konturen meines Innenlebens gelang es mir, der Langeweile und Einsamkeit eines schlaflosen Kindes zu entkommen, und ich entdeckte die zufriedene Selbstgenügsamkeit des Mit-sich-Alleinseins. Thomas de Quincy sprach von »dieser inneren Welt, jener Welt geheimen Selbstbewusstseins, in der jeder von uns ein zweites Leben für sich und mit sich allein führt, parallel zu seinem anderen Leben, das er gemeinsam mit anderen führt«. In der Schule grübelte ich darüber, warum keiner der Lehrer die Existenz dieses inneren Lebens zur Kenntnis nahm, geschweige denn thematisierte. Erst als ich buddhistische Mönche traf, begegnete ich zum ersten Mal Menschen, die mit diesem Bereich vertraut waren und offen darüber sprachen, ohne Verlegenheit oder Zurückhaltung.

2

Nimm an, was du erkennst, und überquer die Fluten.
Der Weise ist nicht an Besitz gebunden –
Bleib wachsam, nachdem du den Pfeil herausgezogen –
sehn dich weder nach dieser noch nach der nächsten
Welt.
VIER ACHTER, 1:8

Im Jahr 1570 verkaufte Michel de Montaigne im Alter von 37 Jahren sein Amt als Gerichtsrat in Bordeaux, das er dreizehn Jahre lang innegehabt hatte, um sich einem Leben in Abgeschiedenheit zu widmen. Er baute einen dreistöckigen Wehrturm auf seinem Gutshof in einen Rückzugsort um. Das Erdgeschoss diente als Kapelle, das Mittelgeschoss als sein Wohnbereich und das Obergeschoss als Bibliothek. Das Dachgeschoss über der Bibliothek beherbergte die Glocke des Anwesens. »Jeden Tag, bei Tagesanbruch und Sonnenuntergang«, schrieb er, »lässt eine große Glocke das Ave Maria erklingen. Dieses Getöse lässt meinen Turm erzittern.«

An einer Wand schrieb Montaigne seine Absicht auf: »mich zurückziehen und meinen Kopf in den Schoß der Weisen Jungfrauen legen, wo ich in Ruhe und Gleichmut den Rest meiner Tage verbringen werde.« Entbunden vom Druck eines öffentlichen Amtes wollte er sich der Freiheit, Beschaulichkeit und Muße widmen. Das war leichter gesagt als getan. »Der größte Dienst, den ich meinem Geist erweisen könnte«, hatte er gedacht, »wäre, ihn in völligem Nichtstun zu belassen, damit er sich um sich selbst kümmerte, sich zum Stillstand brächte und zur Ruhe käme.« Stattdessen

> brachte er, wie ein entlaufenes Pferd, das durch den ganzen Ort galoppiert, seltsame fantastische Monster hervor, eins nach dem anderen, ohne Ordnung oder Plan.

Nicht in der Lage, mit diesen Turbulenzen umzugehen, verfiel Montaigne in eine tiefe Depression. Er zog sich am eigenen Schopf aus dem Sumpf, indem er eine genaue Beobachtung und Analyse seines Innenlebens vornahm, die er in der Hoffnung niederschrieb, »meinen Geist dazu zu bringen, sich seiner selbst zu schämen«. Auf diese Weise begann seine Karriere als Philosoph und Essayist.

Der Tumult beschränkte sich nicht nur auf seinen Geist. Er tobte überall in seiner Umgebung. Acht Jahre zuvor, 1562, war in ganz Frankreich ein blutiger Bürgerkrieg zwischen Katholiken und Protestanten ausgebrochen. Die Provinz

Guyenne, in der er lebte, war ein bedeutendes Zentrum dieser Religionskriege, die, mit Unterbrechungen, für den Rest seines Lebens wüten sollten. Im Laufe des ersten Jahres der Gewalt wurde die nahe gelegene Kirche von Montcaret durch katholische Truppen bei dem Versuch, sie von den Protestanten zurückzuerobern, zerstört. Die nur fünf Gehminuten von seinem Haus entfernte Kirche Saint Michel de Montaigne wurde bis auf die Grundmauern niedergebrannt. »Der Ort, an dem ich wohne«, schrieb er, »wird immer als Erstes und Letztes von unseren Wirren heimgesucht.« Er erzählt, dass er häufig zu Bett gegangen sei und sich dabei ausgemalt habe, er würde »noch in dieser Nacht verraten und zu Tode geprügelt« werden.

Während Montaignes ersten Sommers in seinem Turm initiierten König Karl IX und dessen Mutter, Katharina von Medici, das Bartholomäusnacht-Massaker. Aus Rache für den versuchten Mord am protestantischen Admiral de Coligny befahlen sie die Ermordung aller führenden Protestanten in Paris. Es kam zu Gewalttätigkeiten seitens des Mobs; Katholiken zogen randalierend durch die Straßen und griffen Protestanten an. Das Blutvergießen breitete sich auf zwölf weitere Städte Frankreichs aus, darunter auch Bordeaux. Rund zehntausend Protestanten wurden abgeschlachtet.

Montaigne räumte ein, dass er, wäre er jünger gewesen, hätte versucht sein können, »sich an den Wagnissen und Herausforderungen« der Reformation »zu beteiligen«. Inspiriert von Persönlichen wie dem christlichen Humanisten Erasmus, begrüßte er mit offenen Armen das Wiederaufleben der Vernunft und der klassischen Philosophie, das die Renaissance prägte. Sein engster Freund, Étienne de la Boétie, war der Autor der Abhandlung *Von der freiwilligen Knechtschaft* [Discours de la servitude volontaire] über das tyrannische Wesen von Regierungen. Auf Wunsch seines Vaters hatte Montaigne *Das Buch der Geschöpfe* [Theologia naturalis] übersetzt, ein lateinisches Werk des katalanischen Arztes und Philosophen Raimundus Sabundus aus dem 15. Jahrhundert. Sabundus plädierte für ein Gottesverständnis, das sich aus Beobachtungen der natürlichen Welt ableitet und so die Erfordernisse von Glauben und Vernunft, Religion und Wissenschaft in Einklang bringt.

Ein Jahr nach Ausbruch des Bürgerkriegs starb Étienne de la Boétie im Alter von 33 Jahren an der Ruhr. Montaigne war am Boden zerstört. Seine innige Verbundenheit mit Étienne war ein intellektueller und emotionaler Eckpfeiler seines Lebens. Er beschreibt ihre Freundschaft als eine, in der »Seelen miteinander vermischt und in so perfekter Verbindung miteinander verschmolzen sind, dass die Naht, die sie verbindet, sich aufgelöst hat und nicht mehr gefunden werden kann«. La Boétie vermachte seine Bücher Montaigne und diese bildeten das Herzstück der Bibliothek im Turm. La Boétie blieb für immer, stelle ich mir vor, der implizite Leser der *Essais*.

Um seines Freundes Andenken in Ehren zu halten, beabsichtigte Montaigne, *Von der freiwilligen Knechtschaft* in den ersten Band seiner *Essais* aufzunehmen. Er verwarf diese Idee jedoch, als er entdeckte, dass dieser Text bereits veröffentlicht worden war »zu einem üblen Zweck, von jenen, die versuchen, den Zustand unseres politischen Systems umzustürzen und zu verändern, ohne sich darum zu scheren, ob es zu einer Verbesserung führen wird«. Ein ähnliches Schicksal ereilte seine Übersetzung von Raimundus Sabundus' *Das Buch der Geschöpfe*, die auch unter protestantischen Denkern Anklang gefunden hatte. Dies führte zu Montaignes längstem Essai, einem *Mea culpa* in Buchlänge mit dem Titel *Apologie des Raimundus Sabundus* [Apologie de Raimond Sebond], in dem er Sabundus' Glauben an die erlösende Kraft der Vernunft zurückweist und durch eine Philosophie radikaler Unwissenheit und bedingungslosen Glaubens ersetzt.

Zehn Jahre lang studierte, sinnierte und schrieb er in seinem Turm. Die erste Ausgabe der *Essais* in zwei Bänden erschien 1580 in Bordeaux. Montaigne war da 48 Jahre alt. Wie es sich für einen treuen *Seigneur* gehörte, machte er sich unverzüglich auf den Weg nach Paris, um dem neuen König, Heinrich III., ein Exemplar zu überreichen. Nachdem er bei Hof einen guten Eindruck hinterlassen hatte, begab er sich auf eine Reise, die ihn durch die Schweiz, Deutschland, Österreich und weite Teile Italiens führte. Ende November kam er in Rom an.

Montaigne ging nach Rom, um sich als Nachfolger des scheidenden französischen Botschafters am Hof von Papst Gregor XIII. zur Verfügung zu stellen. Als Kammerherr des Königs von Frankreich, gläubiger Katholik, fließend Latein sprechender Gelehrter und inzwischen auch Philosoph und Literat, war er für diese Position gut geeignet. Da er ebenfalls ein Kammerherr des jungen protestantischen Königs Heinrich von Navarra war (der auch Gouverneur von Guyenne war und zweiter in der französischen Thronfolge), wäre Montaigne ein Verhandlungspartner von unschätzbarem Wert für die beiden Konfliktparteien in den Religionskriegen gewesen. Er mietete ein geräumiges möbliertes Zimmer an, besichtigte die historischen Stätten, hatte eine Audienz beim Papst und reichte die *Essais* bei den päpstlichen Behörden zur Genehmigung ein. Dann wartete er geduldig auf den Brief aus Paris, der über sein Schicksal entscheiden würde.

»Ehrgeiz«, hatte er in seinem Essai »Über die Einsamkeit« geschrieben, das in dem Buch enthalten ist, welches gerade im Apostolischen Palast einer genauen Überprüfung unterzogen wurde, »ist die Laune, die am stärksten im Widerspruch zum Rückzug steht. Ruhm und Ruhe können sich nicht dieselbe Behausung teilen.« Er kritisierte die römischen Staatsmänner Plinius und Cicero dafür, dass sie die Abgeschiedenheit als einen besonnenen Karriereschritt betrachteten, als ein Mittel, um andere mit ihrer Gelehrsamkeit und philosophischen Finesse zu beeindrucken. Diese Herren, stellte er fest, »haben lediglich ihre Arme und Beine außerhalb der Gesellschaft: ihre Seelen und Gedanken bleiben mehr denn je mit ihr beschäftigt. Sie sind nur einen Schritt zurückgetreten, um zu einem noch gewaltigeren Sprung anzusetzen.« Weltlicher Ruhm, erklärte er, »ist weit abseits meiner Überlegungen«.

3

Drei Monate nachdem ich Mönch geworden war, brach ich ins Vorgebirge des Himalaya hinter Dharamsala auf. Ich war 21 Jahre alt. Mein Rucksack enthielt einen Schlafsack, eine Bodenplane, ein Handtuch, einen Wasserkocher, eine Schale, einen Becher, zwei Bücher, einige Äpfel, Trockennahrung und einen Fünf-Liter-Kanister mit Wasser. Der Monsun war gerade zu Ende gegangen: Der Himmel war kristallklar, die Luft rein, das Laubwerk üppig. Nach drei oder vier Stunden verließ ich den ausgetretenen Fußweg und stieg auf Wildpfaden einen steilen, spärlich bewaldeten Hang hinauf, bis ich den durch Felsbrocken verborgenen und von Zweigen überdachten grasbewachsenen Felsvorsprung erreichte, den ich bei einem früheren Streifzug ausfindig gemacht hatte.

Inspiriert von Erzählungen über indische und tibetische Einsiedler wollte ich herausfinden, wie es ist, von jeglichem menschlichen Kontakt abgeschnitten zu sein, allein und schutzlos. Ich wollte so lange hierbleiben, wie meine spärlichen Nahrungs- und Wasservorräte dies zuließen. Niemand wusste, wo ich war. Wenn ich stürzen und mir ein Bein brechen, von einer Kobra gebissen oder von einem Bären zerfleischt würde, wäre es unwahrscheinlich, dass man mich fände. Hoch in diesem Horst konnte ich noch die fernen Hornstöße und die knirschenden Getriebe von Bussen und Lastwagen weiter unten hören, was ich als einen Affront empfand.

Ich wachte in meinem taubedeckten Schlafsack auf. Nach dem Pinkeln und Meditieren zündete ich ein Feuer an, kochte Wasser, bereitete Tee zu, mischte ihn dann mit geröstetem Gerstenmehl und Milchpulver, um daraus einen Teigklumpen zu formen. Das war Frühstück und Mittagessen – gemäß der Ordensregel aß ich abends nicht.

Zu meinen Meditationen gehörten die *Sādhanās*, in die ich eingeweiht worden war, wobei ich mich entweder als zornvollen, büffelköpfigen, phallischen Yamāntaka visualisierte oder als nackte, menstruierende, rote Göttin Vajrayoginī. Ich führte diese tantrischen Praktiken im Wechsel mit einer Stunde achtsamen »Fegens« durch meinen Körper von Kopf bis Fuß durch und nahm dabei mit großer Sorgfalt all die flüchtigen Empfindungen und Gefühle wahr, die ihn durchströmten. Wenn ich nicht aß oder meditierte, intonierte ich eine Übersetzung von Śāntidevas *Kompendium des Übens*, einer Sanskrit-Anthologie über Lehrreden des Mahāyāna-Buddhismus aus dem achten Jahrhundert, die ich in ihrer Gesamtheit zu rezitieren gelobt hatte, während ich hier oben war.

»Es gab nie zuvor einen Buddha«, erklärte der Text in seinem viktorianischen Englisch, »noch wird es ihn in der Zukunft geben, noch gibt es ihn jetzt, der jene höchste Weisheit erlangen könnte, während er im Leben eines Haushälters verbliebe. Dem Königtum entsagend, als wäre es Nasenschleim, sollte man im Wald leben, nur der Einsamkeit zugewandt ... Wie die Kräuter und Sträucher, die Pflanzen und Bäume sich weder fürchten noch bange sind oder ängstlich zittern, so muss der Bodhisattva, der im Wald weilt, seinen Körper als den Kräutern und Sträuchern, Pflanzen und Bäumen gleich betrachten, wie Gehölz, wie Gips an einer Wand, wie eine Erscheinung ...«

Das *Kompendium des Übens* enthält Anleitungen zur eigenständigen Umsetzung. Sobald der Mönch sich im Wald niedergelassen hat, soll er »das, was er zuvor gelesen hat, dreimal in der Nacht und dreimal am Tag rezitieren, und zwar in einer Tonlage, die nicht zu hoch und nicht zu tief ist, nicht mit unruhigen Sinnen, nicht mit umherwandernden Gedanken, in aller Ruhe, die Trägheit beseitigend«. Ungehemmt lasse ich diese Worte in die Stille der Schluchten und den Wind erschallen.

Ich habe immer noch mein Exemplar dieses verblasst braunen gebundenen Buches. Aufgrund des verwischten lilafarbenen Stempels des Piccadilly-Buchverkaufsstands vermute ich, es Anfang der 70er Jahre in Dehli gekauft zu haben. Es liegt nun aufgeschlagen vor mir. Der muffige, pfeffrige Geruch, den ich mit indischen Büchern aus jener Zeit verbinde, steigt mir in die Nase. Ich bin wieder in den Wald zurückgekehrt, zu meinem in eine rote Robe gekleideten jüngeren Selbst, das mit verschränkten Beinen auf dem Boden sitzt und ernsthaft Śāntidevas Worte an einem Ort rezitiert, der »von Bäumen beschattet wird, mit Blumen, Früchten und Blättern, ohne Gefährdung durch tollwütige Hunde, wo es Höhlen und Berghänge gibt, leicht zu durchqueren, friedlich, unvergleichlich«.

Was von dieser Abgeschiedenheit bleibt, ist meine Erinnerung an das weitläufige Panorama der Ebenen des Punjab, den unermesslichen Himmelsbogen und die Umarmung der Berge, die dieses zerbrechliche Fleckchen der Selbsterfahrung beherbergten. Einmal stürzte sich ein wunderschöner bunter Vogel von den darunterliegenden Klippen, schwebte für einen Moment durch die Luft und verschwand dann aus meinem Blickfeld. Ein Hirte und seine Ziegen hätten mich eines Nachmittags beinahe entdeckt. Ich schaute verstohlen durch das Blattwerk zu ihnen hinüber, während die Tiere grasten und der drahtige sonnengeschwärzte Mann in eine grobe Wolltunika gehüllt auf einem Felsen lag.

Nachdem die Vorräte erschöpft waren und der Text rezitiert, wanderte ich zurück zu meinem Zimmer unten im Dorf McLeod-ganj. Während meiner fünf Tage auf dem Berg war ich auf den Geschmack des Mit-mir-Alleinseins gekommen, der mich seit dieser Zeit begleitet.

4

TEPOZTLÁN, MEXIKO, NOVEMBER 2013

Nacho, sein Sohn Nacho und ich steigen in einen Mitsubishi Pajero, verlassen das Gelände der Villa und fahren hinauf in die bewaldeten Hügel, die die alte Indianerstadt Tepoztlán umgeben. Ich habe den ganzen Tag lang kaum etwas gegessen und mir ist etwas schwindelig. Unterwegs holen wir den *Mara'akame,* Don Toño, und dessen Auszubildende ab: Andrés, José-Luis und Raúl. Wir halten an einem Bauernhaus im Dorf San Juan, um ein *Metate* mitzunehmen, eine rechteckige Platte aus einem Material, das wie dunkler Bimsstein aussieht. Die angeregte Unterhaltung legt nahe, dass es sich dabei um ein Objekt von einiger Bedeutung handelt, aber ich kann mir nicht vorstellen, welche.

Als wir in einen steilen unbefestigten Weg im Wald abbiegen, ist es Nacht. Der Geländewagen rutscht und heult auf, als seine Räder in Schlamm und Blättern durchdrehen. Wir klettern schnell raus und versuchen, das Auto den Hügel hinaufzuschieben, aber es gelingt uns nicht. Deshalb entladen wir Decken, Ponchos, prall gefüllte Einkaufstaschen und den Metate, teilen alles unter uns auf und schleppen uns vorwärts, geleitet vom schwankenden Lichtkegel einer Taschenlampe. In der feuchtkalten Luft können wir unseren Atem sehen.

Wir kommen zu einer Lichtung, auf der ein einfaches, grob zusammengezimmertes Etwas steht. Ein Kreis von Holzpfeilern trägt ein Spitzdach aus Wellblech. Abgesehen von einer niedrigen umsäumenden Mauer ist der Raum ungeschützt Wind und Wetter ausgesetzt. In der Mitte des gestampften Lehmbodens befindet sich eine mit Asche und Holzkohlestücken gefüllte Grube. Wir stellen alles ab, was wir hochgetragen haben, und gehen dann nach draußen, um Feuerholz für die Zeremonie zu sammeln.

Niemand scheint in Eile zu sein. Die anderen plaudern, scherzen und rauchen Zigaretten. Es dauert etwa eine Stunde, bis wir genügend Äste und Baumstämme in den runden Raum gezogen und getragen haben, um damit das Feuer anzufachen. Der Mara'akame breitet eine Decke aus, setzt sich hin und beginnt, die Einkaufstaschen auszupacken. Gefiederte Utensilien kommen zum Vorschein, dann ein Hut mit Quasten, Handtrommeln, Schachteln mit billigen Kerzen, Tassen und schließlich ein sorgfältig in ein weißes Tuch gewickeltes Päckchen.

Aus dem Inhalt einer weiteren Tasche hat Andrés einen provisorischen Altar gebaut. Vor einem billigen Druck der

Madonna von Guadeloupe arrangiert er Kerzen und Orangen. Er bittet jeden von uns, die Texte, die wir vorbereiten sollten, auf den Altar zu legen. An jenem Morgen hatte ich das dritte Gedicht der *Vier Achter* von Hand abgeschrieben. »Der Priester ohne Begrenzungen« lautet seine letzte Strophe,

> beharrt nicht auf dem, was er weiß oder betrachtet hat.
> Nicht leidenschaftlich, nicht leidenschaftslos,
> ernennt er nichts zum Höchsten.
> VIER ACHTER, 3:8

Ich hoffe, dieser Geisteshaltung weiterhin treu zu bleiben. Mit so viel Ehrfurcht, wie ich aufbringen kann, lege ich das gefaltete Blatt Papier vor die Madonna.

Don Toño bedeutet uns, zu ihm rüberzukommen. Er ist ein kleiner, stämmiger, dunkelhäutiger Mann wie viele der Bauern, die ich anderswo in Mexiko gesehen habe. Unter dem gelblichen Licht einer Paraffinlampe knotet er das in Stoff eingewickelte Päckchen auf und ein halbes Dutzend frischer Peyote-Kakteen, die er und Andrés am Vortag in der Wüste gesammelt haben, kommen zum Vorschein. Jede pralle mattgrüne *Lophophora williamsii* hat einen Durchmesser von ungefähr zehn Zentimetern und besteht aus sechs symmetrischen Segmenten. Der Mara'akamane schneidet sie auf und reicht die Stücke herum. Er zeigt mir, dem Neuling, wie man die ins Kaktusfleisch eingebetteten Fasern herauslöst. Nach diesem fummeligen Arbeitsgang wird jedes Stück mit einem zylindrischen Stein auf dem Metate zerrieben, an dessen Ende der Saft über einen trichterförmigen Rand in eine Schale abläuft.

Der Saft wird mit Wasser verdünnt und dann ganz unzeremoniell in einen Plastikbecher gegossen. Jeder von uns nimmt sich einen. Dem Beispiel der anderen folgend, trinke ich die Flüssigkeit in kleinen Schlucken, bis der Becher leer ist, dann fische ich mit meinen Fingern die verbliebenen Fruchtfleischfäden heraus. Alles hat einen leicht bitteren, aber nicht unangenehmen Geschmack. Ich spüre, wie sich die kalte Flüssigkeit in meinem leeren Magen sammelt.

Der Mara'akame fragt mich nach meinen Gründen für die Teilnahme an diesem Kreis. Ich sage ihm, dass ich in diesem Jahr sechzig Jahre alt geworden bin und eine Bilanz meines Lebens ziehen möchte, einen Schritt zurücktreten und betrachten, was ich in den letzten vierzig Jahren als Schüler, Praktizierender und Lehrer des Buddhismus erreicht habe. Um dies zu bewerkstelligen, habe ich mich entschlossen, meine Erfahrungen unter dem Einfluss von Psychedelika nochmals zu durchdenken. Als junger Mann hatten sie einen so prägenden Einfluss auf mich, dass ich mich dem Dharma zugewandt habe. Es ist für mich von Bedeutung, diese Substanzen im Rahmen einer religiösen Zeremonie sowie unter Anleitung eines Schamanen und in Begleitung anderer einzunehmen, und nicht einfach nur allein oder mit Freunden eine Pille einzuwerfen.

Wir versammeln uns in einem Kreis um das Feuer herum. Das wilde, knisternde Flammenspiel erzeugt noch nicht viel Wärme. Ich sitze da mit verschränkten Beinen, eingehüllt in einen roten Poncho aus dicht gewebter grober Wolle. Etwas entfernt von mir legt sich der Mara'akame auf den Boden, zieht eine blaue Heizdecke über sich und schläft ein. Nacho, der Jüngere, beginnt, einen einfachen Rhythmus auf einer Trommel zu schlagen.

Während der ersten ein oder zwei Stunden – ich habe keine Uhr und nur ein schwaches Zeitgefühl – bin ich davon überzeugt, dass nichts passiert. Ich verspüre eine leichte Magenverstimmung, die gelegentliches Aufstoßen von nach Kaktuspüree schmeckender Luft verursacht. Gewiss, ich erlebe eine gewisse Stille und Klarheit, aber nicht mehr, als wenn ich die gleiche Zeit in Meditation verbracht hätte, was genau das ist, was ich bisher getan habe. Wenn ich mich so umsehe, scheint sich von den anderen niemand Sorgen zu machen. Sie unterhalten sich leise, laufen ein bisschen umher, um ihre Beine zu strecken, klopfen eine Weile auf eine Trommel. Ich schreibe meine Besorgnis meiner Unerfahrenheit mit dieser mir neuen Medizin zu.

5

Über die Einsamkeit

Michel de Montaigne

Ausgewählte Passagen aus den Essais

Es war eine melancholische Gemütsverfassung und damit eine Gemütsverfassung, die deutlich im Widerspruch zu meiner Natur stand, hervorgerufen durch den Verdruss der Einsamkeit, der ich mich vor einigen Jahren übergeben hatte, die mir zum ersten Mal diesen Tagtraum in den Kopf setzte, mich mit dem Schreiben zu beschäftigen. ||

Inzwischen glaube ich, dass das einzige Ziel der Einsamkeit darin besteht, mit mehr Muße und Behagen allein zu leben. ||

Ich bin nicht von Natur aus dem hektischen Treiben bei Hofe abgeneigt: Ich habe einen Teil meines Lebens darin verbracht und bin es gewohnt, in sol-

chen Menschenmassen frohgemut meinen Geschäften nachzugehen – allerdings nur gelegentlich und wenn es mir beliebt. Meine Pedanterie bindet mich indes zwangsläufig an die Einsamkeit. Zuhause, in einem geschäftigen Haushalt mit vielen Besuchern, sehe ich viele Menschen, aber selten diejenigen, mit denen ich gerne rede. ||

Indem wir uns vom Amtsgebäude und Marktplatz befreien, befreien wir uns nicht von den wesentlichen Kümmernissen unseres Lebens. Ehrgeiz, Habgier, Unentschlossenheit, Ängste und Sehnsüchte werden uns wohl kaum verlassen, nur weil wir die Adresse wechseln. Sie verfolgen uns von sich aus in Klöster und philosophische Fakultäten. Weder Wüsten noch Höhlen, noch Büßerhemden, noch Selbstkasteiung können uns von ihnen befreien. ||

Aus diesem Grund genügt es nicht, sich von den Menschen zu entfernen, genügt es nicht, woanders hinzugehen. Wir müssen uns von den Gewohnheiten des gemeinen Volkes in unserem Inneren lösen. Wir müssen unser eigenes Selbst isolieren und es wieder in unseren Besitz überführen. Wir tragen unsere Fesseln immer mit uns herum; wir sind nicht vollständig frei. Wir richten unseren Blick immer wieder zurück auf die Dinge, die wir hinter uns gelassen haben; wir fantasieren andauernd über sie. ||

Unser Leiden ergreift uns in der Seele, und die Seele kann nicht sich selbst entfliehen. Also müssen wir sie zurückholen und zu sich selbst zurückführen. Das ist wahre Einsamkeit: Man kann sie in Städten und Königshäusern genießen, jedoch günstigerweise abseits davon. ||

Die Einsamkeit, die ich liebe und verfechte, besteht in erster Linie darin, meine Emotionen und Gedanken zu mir selbst zurückzuholen, nicht meine Schritte, sondern meine Sehnsüchte und Ängste zu begrenzen und zu bezähmen, mich zu weigern, mich um äußere Dinge zu sorgen, und unbedingt vor Knechtschaft und Verpflichtungen zu fliehen: Es geht weniger darum, sich aus der Menschenmenge, sondern vielmehr aus der großen Menge menschlicher Angelegenheiten zurückzuziehen. ||

Der Philosoph Antisthenes scherzte, ein Mann solle sich mit Besitztümern ausstatten, die schwimmfähig sind, so dass sie gemeinsam mit ihm dem sinkenden Schiff entkommen können. ||

Selbstverständlich sollten wir Frauen, Kinder, Besitztümer und allem voran gute Gesundheit haben: aber nicht, um so sehr an ihnen anzuhaften, dass unser Glück von ihnen abhängt. ||

Lasst diese Dinge uns gehören, aber nicht so fest verklebt und mit uns verbunden, dass wir uns nicht mehr von ihnen lösen können, ohne uns dabei unsere eigene Haut vom Leib zu reißen. Das Höchste auf der Welt ist es zu wissen, wie man für sich selbst sein kann. ||

Wir sollten uns hinter dem Geschäft einen Raum reservieren, nur für uns, gänzlich abgeschieden, wo wir, da er der wichtigste Rückzugsort für unsere Einsamkeit ist, unsere wahre Freiheit verwirklichen. Dort sollten wir unser übliches Gespräch mit uns selbst fortsetzen – in Privatheit, ohne Kontakt oder Kommunikation mit irgendetwas außerhalb davon –, wo wir mit uns plaudern und lachen können, als hätten wir keine Frau, keine Kinder, keine Besitztümer, keine Begleiter und keine Die-

ner. Wenn es dann an der Zeit ist, diese Dinge zu verlieren, so wird es für uns nichts Neues sein, ohne sie zu sein. ||

Wir haben eine Seele, die sich sich selbst zuwenden kann; sie kann sich selbst Gesellschaft leisten. Sie vermag anzugreifen und zu verteidigen, zu geben und zu empfangen. Mach dir keine Sorgen, dass Einsamkeit dich vor Langeweile verzehrt. ||

Wir müssen es wie jene Tiere anstellen, die ihre Spuren am Eingang ihres Unterschlupfs verwischen. Es sollte nicht mehr länger deine Sorge sein, dass die Welt von dir spricht; dein einziges Anliegen sollte sein, wie du zu dir selbst sprichst. ||

Zieh dich in dich zurück, aber bereite dich allem voran darauf vor, dich dort zu empfangen. Wenn du es nicht verstehst, dich selbst zu geleiten, wäre es doch Wahnsinn, dich dir selbst anzuvertrauen. Es gibt Wege des Scheiterns in der Einsamkeit wie in der Gesellschaft. ||

Wenn ich tanze, tanze ich; wenn ich schlafe, schlafe ich. Wenn ich allein in einem schönen Obstgarten spazieren gehe, sind meine Gedanken zuweilen mit dem beschäftigt, was anderswo passiert, dann wiederum bringe ich sie zurück zum Spaziergang, zum Obstgarten, zur Süße jener Einsamkeit und zu mir selbst. ||

Ehrlich gesagt erweitert begrenzte Einsamkeit meinen Horizont und öffnet mich nach außen: Ich stürze mich bereitwilliger in Staatsangelegenheiten und in die weite Welt, wenn ich allein bin.

6

Ohne bemerkt zu haben, wie und seit wann, befinde ich mich in einem veränderten Geisteszustand. Mein Bewusstsein ist auf subtile, aber intensive Weise geschärft. Ekstatisch spüre ich, wie elektrische Wellen meinen Körper durchströmen, mich dazu bringen, mich zu dehnen und zu stöhnen. Meine Wirbelsäule richtet sich auf, als wollte sie die Kontemplation, die mich ergriffen hat, vervollkommnen. Ich muss mich nicht mehr konzentrieren; das geschieht ganz von allein. Ablenkung ist keine Option; alle zufälligen Gedanken haben aufgehört. Während ich in das atmende, orangefarbene Herz des Feuers starre, bin ich auf intensive, stille Art geistig präsent.

Andrés rüttelt den Mara'akame sanft wach. Don Toño richtet sich auf, setzt den breitkrempigen Hut auf, dessen Quasten vor seinen Augen hin- und herschwingen, hebt eine Handtrommel auf und stimmt einen eindringlichen Gesang im Rhythmus seines Grundschlags an. Was auch immer er in seiner nasalen Stimme singen mag, es hat eine hypnotisierende Schönheit und Intensität. Etwas Uraltes und Melancholisches schwingt in seinen Worten in der Huichol-Sprache mit. Andrés zündet eine Zigarette an und steckt sie Don Toños zwischen die Lippen. Der Mara'akame nimmt einige tiefe Züge und trommelt weiter. Dann legt er sich hin und schläft wieder. Dieses Ritual wird sich im Laufe der Nacht mehrmals wiederholen.

Nacho, der Jüngere, flüstert mir ins Ohr: »Wie ist der Name deines Großvaters?« Ich sage: »Alfred.« Er sagt: »Das Feuer ist dein Großvater. Die Madonna ist deine Großmutter.« Ich spüre, dass dies ein Hinweis für mich sein soll, etwas zu tun. Ich weiß aber nicht, was er meint, und verspüre kein Bedürfnis nachzufragen. Eingetaucht in mein Alleinsein, fühle ich mich in seliger Losgelöstheit von allen anderen, bin mir gleichzeitig aber ihrer Anwesenheit – und wie diese mich unterstützt – überaus bewusst.

Raúl, ein junger Arbeiter mit dichten schwarzen Bartstoppeln, springt auf. Er nimmt alle Kräfte zusammen, spuckt mehrmals ins Feuer, starrt unverwandt in die Flammen und legt ein leidenschaftliches Bekenntnis ab. Er schlingt die Arme um seinen Körper, wiegt sich unruhig hin und her, jammert und weint, während ein Redeschwall aus ihm heraussprudelt. Irgendwann sieht es so aus, als versuchte er, sich in die Flammen hinein zu erbrechen, aber ohne Erfolg. Andrés kommt herüber und streicht mit an einem kurzen Stock befestigten Federn von Kopf bis Fuß über Raúls Körper; schüttelt sie dann über dem Feuer aus, als würde er Wassertropfen von ihnen abtropfen lassen.

Diese unerwartete Gefühlsbekundung lässt mich ungerührt, aber ich bin auch nicht getrennt von ihr. Ich fühle mich innerlich völlig transparent und rein, aber dennoch ganz eins mit Raúls Beichte. »Geh und sprich mit deinem Großvater«, drängt Nacho, der Jüngere. Ich ignoriere ihn.

Auf der Glut am Rande des Feuers wird ein Becher sichtbar, an dem das Email stellenweise abgeplatzt ist. Wir nehmen ihn abwechselnd, um in kleinen Schlucken ein heißes, braunes Getränk zu schlürfen, das den Magen wärmt und beruhigt. Der Geschmack ist irgendwie vertraut, aber auch seltsam. Ich erfahre, dass es sich um Schokolade handelt, die mit getrocknetem Peyote vermischt ist. Ob diese zusätzliche Dosis irgendeine Wirkung hat oder nicht, kann ich nicht sagen. Solche Fragestellungen sind nicht mehr von Interesse. Alles, was zählt, ist die reine Intensität des Augenblicks, die scharfe Klarheit der Sinne, die ekstatische Stille.

Es wird getrommelt, nun besser koordiniert, begleitet von Tanz. Andrés zieht sein Hemd aus, krümmt und verdreht sich neben dem Feuer. Die schweißnasse Haut seines mageren Oberkörpers glänzt in den Flammen. Er setzt sich neben mich. In einer Mischung aus Englisch und Französisch frage ich ihn: »Wenn Peyote die Medizin ist, was ist dann die Krankheit, die sie heilt?« Er sagt: »Ein verschlossenes Herz.«

Als wir später am Morgen wieder in Tepoztlán sind, hat die Nacht um das Feuer herum eine traumartige Qualität angenommen. Eine gesteigerte Klarheit und Stille des Geistes bleiben mir erhalten. Die Welt erscheint weiterhin leuchtend und hell. Ich fühle mich, als wären meine Sinne, mein Nervensystem und meine Gehirnzellen sauber gewaschen worden. Es wird einige Wochen dauern, bis die Wirkung der Medizin nachlässt.

Hat allein das Meskalin im Peyote das hervorgebracht? Hätte ich die gleiche Erfahrung gemacht, wenn ich, allein, in meinem Wohnzimmer exakt die gleiche Dosis genommen und dabei Bach gehört hätte? Haben die vergangenen vierzig Jahre der Dharma-Praxis einen Unterschied bewirkt? Ich vermute, dass das Zerreiben der Kakteen, Großvater Feuer, die Gesänge, die Beichten, der Madonna ein Gedicht darbringen, mit verschränkten Beinen in Meditation sitzen, mein Stillsein, das Fasten am Vortag, meine Beweggründe, an der Zeremonie teilzunehmen, allesamt eine Rolle gespielt haben.

Ich verstehe langsam, dass die Zeremonie eine existenzielle Bekräftigung dessen war, was ich bisher in meinem Leben getan hatte und derzeit tat. Für ein paar Stunden, um es mit den Worten von Carlos Castaneda auszudrücken, hatte sie »die Welt angehalten« und mir ermöglicht, »zu sehen«. In der Terminologie des Buddhismus, ließ sie mich »die Beendigung der Reaktivität« »schauen« und im »Todlosen« weilen. Ohne irgendeine Notwendigkeit, in Konzepte oder Worte gefasst zu werden, bekräftigte sie, dass das Leben, das ich als Schriftsteller, Künstler und Lehrer gewählt hatte, angemessen war. Ich erkannte, dass ich diese Welt ohne Bedauern verließe, würde ich jetzt sterben.

Achtzehn Monate später erhalte ich eine E-Mail von Nacho, dem Älteren. »Während einer Meditationssitzung vor zwei Tagen«, beginnt sie, »wurde mir zum ersten Mal klar, wie schön Stille ist. Und ich muss sagen, dass ich in dieser Sache viel von dir gelernt habe, insbesondere als wir in Tepoztlán waren und du anfingst zu schweigen, immer intensiver, es war schon nahezu unangenehm, bis wir fast alle in Stille verweilten und ich verstand.« Die ganze Zeit über hatte ich Andrés' Bemerkung über »ein verschlossenes Herz« als milden Tadel empfunden, da ich es unterlassen hatte, aktiver an der Zeremonie teilzunehmen. Jetzt bin ich mir da nicht mehr so sicher.

7

DELFT, REPUBLIK DER VEREINIGTEN NIEDERLANDE; UM 1656

Die Magd sitzt an einem Esstisch, den Kopf auf ihren rechten Arm gestützt. Sie schläft. Ein Obstteller, eine verschlossene Karaffe und ein umgekipptes Weinglas befinden sich auf der Tischdecke vor ihr. Durch eine halb geöffnete Tür kann ich in einen zweiten, dahinterliegenden Raum hineinsehen. Wer auch immer vor Kurzem hier war, ist gegangen und hat die junge Frau mit ihren Träumereien allein gelassen. Selbst wenn ihr Liebhaber gerade hinausgestürmt und dabei das Glas umgestoßen haben sollte, ihr Gesicht sieht einfach nur müde aus.

Jan Vermeer wandte sich immer wieder Szenen im häuslichen Umfeld zu, in denen Menschen mit sich allein sind. Eine Milchmagd steht in einer Küche und gießt Milch aus einem Tonkrug in eine Tonschale auf einem Tisch. Ihre Augen und ihr Körper sind exakt so ausgerichtet, dass das Rinnsal weißer Flüssigkeit das gewünschte Ziel trifft. Sie wirkt gleichmütig und gelassen bei der Erfüllung einer alltäglichen Aufgabe. Wie sie, weiß auch ich, wie es ist, Milch aus einem Krug zu gießen und sich dessen bewusst zu sein, Milch aus einem Krug zu gießen.

Etwa zu dieser Zeit malte Vermeer auch eine Straßenszene in Delft, der Stadt, in der er geboren wurde, lebte und starb. Er dürfte Ende zwanzig gewesen sein, war verheiratet und hatte eine ständig wachsende Familie. Eine Frau sitzt in einem Hauseingang und stickt: zwei Kinder knien auf dem Boden mit dem Rücken zum Betrachter – möglicherweise lassen sie einen Kreisel drehen oder spielen mit einem Kätzchen –, und in einer Gasse beugt sich eine Dienstmagd zu einem Besen hin. Diese menschlichen Momente verlieren sich nahezu inmitten des abbröckelnden roten Backsteinmauerwerks, des bewölkten Himmels und der gepflasterten Straße. Ganz in ihre Aufgaben vertieft, bewohnen diese Menschen ihre eigene persönliche Welt, ohne einander zu beachten.

Eine Frau sitzt hinter einem Tisch und stimmt eine Laute. Ihre Augen sind auf ein Fenster gerichtet, aber ihre Aufmerksamkeit ist irgendwo anders. Ich beobachte, wie sie einem Geräusch lauscht, das nur sie hören kann. Eine Frau steht neben einem Tisch, auf dem ein silberner Wasserkrug auf einem Tablett steht. Mit ihrer linken Hand hält sie den Henkel des Krugs; mit ihrer rechten öffnet sie ein Fenster. Sie ist mitten in der Bewegung, darauf vorbereitet, dass die Sonne sie blenden wird. Eine Frau in einem blauen Kittel hält einen Brief in beiden Händen. Ein blasses Licht enthüllt, wie sie den Brief mit ihren Augen verschlingt, ihre Lippen sind leicht geöffnet, während sie die Bedeutung der Worte in sich aufnimmt.

Vermeer fängt von innen heraus ein, wie es ist, Mensch zu sein. Er zeigt, wie es für jede dieser Frauen ist, in einem stillen, arglosen Gespräch mit sich selbst zu sein. Der rumänische Philosoph Emil Cioran nannte Vermeer den »Meister der Intimität und des vertraulichen Schweigens«, der »die Auswirkungen der Einsamkeit in einer Atmosphäre vertrauter Innenräume abmildert«. Diese Frauen sind keine Nonnen oder Einsiedlerinnen. Sie sind für kurze Zeit in einem Zustand der Ruhe in einer Welt bürgerlichen Komforts und häuslicher Routinen. Sie sind allein, wirken aber nicht einsam.

Zwischen dem Zeigefinger und dem Daumen ihrer rechten Hand hält eine Frau eine zierliche Waage über einem Tisch. Die Finger ihrer linken Hand ruhen auf der Tischplatte. Zwei offene Kisten, ein gelbes Band, Perlenketten und Goldmünzen sind auf dem Tisch ausgebreitet. Ihr Blick ruht auf den leeren Waagschalen. Sie lächelt leicht. Ihre sanften Gesichtszüge sind in ein strahlend helles Licht getaucht, das sich nicht durch die matten Sonnenstrahlen erklären lässt, welche durch die mit Vorhängen abgedunkelten Fenster dringen. Diese weltliche Madonna scheint völlig gleichgültig gegenüber den vor ihr ausgebreiteten Reichtümern zu sein.

Die innere Muße dieser Frauen offenbart sich gleichermaßen in der kompositorischen Harmonie der Gemälde, den gedämpften Farben und dem Spiel mit dem Licht, wie in jedem Gesichtsausdruck oder jeder Körperhaltung. An ihrer Weise, mit sich allein zu sein, ist nichts Statisches. Ein fast fotografischer Realismus fängt die Figur ein, während sie zwischen dem, was gerade passiert ist, und dem, was unmittelbar bevorsteht, in der Schwebe ist. Ich erhasche einen flüchtigen Moment in einer Geschichte, die ich nicht kennen kann. Es gibt keine harten Linien und Konturen in diesen Werken. Vermeer verwendet die Sfumato-Technik: Grenzen werden rauchartig verwischt, indem eine Farbe (die eines Ärmels) unmerklich in eine andere (die einer Wand) übergeht. Dieses Verschwimmen verstärkt die Illusion von Tiefe und verstärkt die ergreifende Dehnung der Zeit.

Eine junge Frau in einer gelben, mit Hermelin besetzten Jacke steht im Raum und betrachtet sich in einem Spiegel, während sie eine Perlenkette anprobiert. Ich beobachte sie dabei, wie sie sich beobachtet. Ich spüre die Freude, die sie an sich hat. Eine andere Frau in der gleichen Jacke sitzt an einem Tisch und schreibt mit einem Federkiel einen Brief. Sie schaut in Gedanken vertieft zur Seite auf der Suche nach dem richtigen Wort oder Satz. Ich sehe sie im stummen Selbstgespräch. Ein Mädchen beugt sich beim Nähen eines Stücks Spitze über ihren Arbeitstisch. Ich teile ihre stille Freude an ihrer Handarbeit. Diese Frauen sind selbstgenügsam in ihrem Fürsichsein, jede fühlt sich wohl in ihrer Haut und ihrem Los im Leben.

Die Bürger der Niederländischen Republik des 17. Jahrhunderts waren so wohlhabend, dass sie sich Gemälde leisten konnten, die die vornehme Muße zeigten, nach der sie strebten. Die Szenen häuslicher Zufriedenheit waren aber auch tröstende Ablenkungen von einer instabilen und gewaltsamen Lebenswirklichkeit. 1654, als Vermeer 22 Jahre alt war, explodierten in Delft dreißig Tonnen Schießpulver, zerstörten ein Stadtviertel, kosteten mehr als hundert Menschenleben (auch das seines Künstlerkollegen Carel Fabritius, Maler des *Der Distelfink*) und verletzten Tausende. Im *Rampjaar* [Katastrophenjahr], 1672, befanden sich die Niederländer gleichzeitig im Krieg mit Frankreich, England und den Fürstbischöfen von Münster und Köln. Als Verteidigungsmaßnahme gegen die Invasion öffneten sie die Deiche und überfluteten das tieferliegende Land, was zu einem weitreichenden wirtschaftlichen Zusammenbruch führte. Vermeers Witwe Catharina hat schriftlich festgehalten, dass ihr Mann danach kein einziges Werk mehr verkaufen konnte. Drei Jahre später starb er plötzlich und unerklärlich im Alter von 43 Jahren. Er hinterließ elf Töchter.

Abgesehen von 35 erhaltenen Gemälden und flüchtigen Erwähnungen in Gemeinde-, Rechts- und Handelsregistern wissen wir nichts über Jan Vermeer. Trotz ihres Naturalismus zeigen seine Werke keineswegs das, was Vermeer sah; sie zeigen, was seine Gönner oder seine Kunden uns sehen lassen wollten. Wenn ich sie heute in Museen von Wien bis New York studiere, bin ich auf der Suche nach Vermeer. Er muss viele Stunden lang gestanden oder gesessen haben oder auf und ab gegangen sein, bevor diese Leinwände auf ihr hölzernes Stützgerüst gespannt wurden. Diese Elemente aus seiner Welt werden flüchtig ein Teil von meiner. Er fertigte diese Dinge, umsorgte sie, kämpfte mit ihnen. Als ich mir seine Frauen in ihrem Fürsichsein genau ansehe, sehe ich, wie sie ihn sehen. Ihre Gesichter werden zu einem Spiegel, das sein Bildnis zurückwirft.

8

Über die Achtsamkeit

Gotama, der Buddha

Ausgewählte Passagen aus dem Pali-Kanon

Wenn Anhänger anderer Traditionen fragen: »Wie verweilte der Mendikant Gotama vorwiegend während des dreimonatigen Regenzeit-Retreats?«, solltet ihr sagen: »Während der Regenzeit, Freunde, verweilte er vorwiegend in der Sammlung, die Achtsamkeit auf den Atem ist.«

Wenn man von irgendetwas gänzlich sagen könnte: »Das ist ein edles Verweilen, das ist ein heiliges Verweilen, das ist das Verweilen eines Vollendeten«, so kann man das von der Sammlung sagen, die Achtsamkeit auf den Atem ist.

Die Praktizierende geht in einen Wald, zur Wurzel eines Baums oder zu einer leerstehenden Hütte. Sie setzt sich nieder, verschränkt ihre Beine, richtet ihren Rücken auf und verankert die Achtsamkeit an der Öffnung ihres Mundes und ihrer Nasenlöcher. Achtsam atmet sie ein, achtsam atmet sie aus. Tief einatmend weiß sie: »Ich atme tief ein«; tief ausatmend weiß sie: »Ich atme tief aus.« Flach einatmend weiß sie: »Ich atme flach ein«; flach ausatmend weiß sie: »Ich atme flach aus.« Sie übt derart: »Den ganzen Körper spürend, werde ich einatmen. Den ganzen Körper spürend, werde ich ausatmen.« Sie übt derart: »Meine körperlichen Regungen beruhigend, werde ich einatmen. Meine körperlichen Regungen beruhigend, werde ich ausatmen.«

Genau wie ein geschickter Drechsler oder sein Lehrling, wenn er eine lange Rundung macht, weiß: »Ich mache eine lange Rundung« und, wenn er eine kurze Rundung macht, weiß: »Ich mache eine kurze Rundung«, so weiß auch die Praktizierende, wenn sie tief einatmet: »Meine Atmung ist tief« und wenn sie flach atmet, weiß sie: »Meine Atmung ist flach.«

Auf diese Weise verweilt sie innerlich, äußerlich und sowohl innerlich als auch äußerlich in der Betrachtung des Körpers als Körper. Oder sie verweilt in der Betrachtung körperlicher Phänomene, wie sie entstehen, wie sie vergehen und wie sie entstehen und vergehen. Oder aber die Erinnerung »Dies ist ein Körper« ist einfach in dem Maße in ihr ausgebildet, wie es für Wissen und Achtsamkeit notwendig ist.

Beim Gehen erkennt sie: »Ich gehe«; beim Stehen erkennt sie: »Ich stehe«; beim Sitzen erkennt sie: »Ich sitze«; beim Hinlegen erkennt sie: »Ich lege mich hin« oder sie erkennt auf entsprechende Weise die Haltung ihres Körpers, wie auch immer diese gerade sein mag.

Ferner ist sie jemand, die beim Vorwärtsgehen und Zurückkommen; beim Vorausschauen und Wegschauen; beim Beugen und Strecken ihrer Gliedmaßen; beim Tragen ihrer Roben und ihrer Almosenschale; beim Essen, Trinken und Schmecken; beim Kacken und Pissen; beim Gehen, Stehen, Sitzen, Einschlafen, Aufwachen, Sprechen und Schweigen in klarem Bewusstsein handelt.

Auf diese Weise verweilt sie in Unabhängigkeit und haftet an nichts in der Welt. Auf diese Weise verweilt man, den Körper als einen Körper betrachtend.

9

Um ihre Einsamkeit, ihr Mit-sich-Alleinsein zu bewältigen, haben sich Menschen in allen Kulturen seit jeher selbst medizinisch behandelt. Zu diesem Zweck haben sie eine breite Palette an Substanzen ausfindig gemacht, zubereitet, verfeinert und eingenommen, von Zucker bis Kaffee, Zigaretten bis Wodka, Aspirin bis Heroin, Cannabis bis Peyote. Diese Mittel führen dazu, dass du dich in und mit dir selbst besser fühlst. Anstatt von geringfügigen Sorgen überwältigt zu werden, kannst du sie hinnehmen und überwinden. Unter ihrem Einfluss sinkt dein Stresspegel, deine Kopfschmerzen vergehen, deine Ängste schwinden, Langeweile und Verlassenheitsgefühle verflüchtigen sich. Du fühlst dich heimisch in deinem Alleinsein, die Sinne werden stimuliert, du fühlst dich wohler mit anderen, und deine Fantasie wird oft angeregt.

In seinem Essai »The Doors of Perception« [Die Pforten der Wahrnehmung] aus dem Jahr 1954, einem Bericht über seine erstmalige Einnahme von Meskalin, räumt der englische Schriftsteller und Philosoph Aldous Huxley ein, dass es »höchst unwahrscheinlich erscheint, dass die Menschheit in ihrer Gesamtheit jemals auf künstliche Paradiese verzichten können wird«.

> Die meisten Männer und Frauen führen Leben, die im schlimmsten Fall so schmerzvoll sind, im besten Fall so eintönig, arm und beschränkt, dass der Drang zu entkommen, die Sehnsucht, über sich selbst hinauszugehen, wenn auch nur für einige Momente, einer der wesentlichen Gelüste der Seele ist und schon immer war.

Trotz dieser tiefen Sehnsüchte haben moderne Gesellschaften im Allgemeinen eine furchtsame und repressive Haltung gegenüber psychoaktiven Substanzen eingenommen. »Für den uneingeschränkten Gebrauch«, bemerkt Huxley, »hat der Westen nur Alkohol und Tabak zugelassen. Alle anderen chemischen ›Türen in der Mauer‹ werden als Rauschgift abgestempelt und ihre eigenmächtigen Nutzer als Junkies.« Mit der Legalisierung von Marihuana in Uruguay, Kanada und zehn US-amerikanischen Bundesstaaten sowie einer wiedererstarkten Welle wissenschaftlicher Forschung zum therapeutischen Nutzen von Psychedelika, könnte sich das Blatt heute langsam wenden.

Es ist nicht zu leugnen, dass wir bei vielen dieser Substanzen ein erhebliches Risiko eingehen, von ihnen abhängig zu werden. Leicht geraten wir in einen Kreislauf, in dem heftiges Verlangen, Genuss und ein deprimiertes Gefühl, wenn die Wirkung nachlässt, aufeinanderfolgen. Wir können abhängig von der Einnahme einer Substanz werden, einfach nur, um uns normal zu fühlen. Um sie uns zu beschaffen, opfern wir möglicherweise unsere Gesundheit oder wenden uns kriminellen Machenschaften zu, um unsere Sucht zu finanzieren. Das Problem liegt nicht nur in der Natur der Substanzen an sich, sondern auch in unserer individuellen und sozialen Unsicherheit darüber, wie wir sie verwenden sollten. Und an der Wurzel dieser Unsicherheit liegt die Frage, wie wir uns um unsere Seele kümmern, uns selbst führen und mit unserer Einsamkeit umgehen sollten.

Die erste Zigarette, die ich als junger Teenager in einem schattigen Waldstück rauchte, verursachte mir Schwindel und Brechreiz. Ich lag schweißgebadet da, mein Herz pochte, während ich darauf wartete, dass ihre Wirkung nachließ. Der Gruppenzwang rund ums Rauchen von Tabak und der Reiz, den die Kultur jener Zeit dem Rauchen verlieh, war so groß, dass ich es schaffte, meine Abneigung gegenüber Zigaretten zu überwinden. In Wahrheit konnte ich nie so recht den Sinn und Zweck von Tabak erkennen. Ich fand Rauchen nie sonderlich angenehm, aber für drei oder vier Jahre wurde es mir dennoch zur Gewohnheit. Kurz darauf begann ich, Alkohol zu trinken. Zumindest hatten Bier und Apfelwein den Effekt, dass sie Euphorie bei mir auslösten und ich geselliger wurde. Aber sie machten mich auch benommen, unbeholfen und geschwätzig und ich hatte, wenn ich zu viel trank, für einen

Großteil des nächsten Tages einen dicken Kopf, war missmutig und gereizt. Wiederum hat mich keine dieser Nebenwirkungen davon abbringen können, mich mit meinen Freunden wilden feucht-fröhlichen Abenden hinzugeben.

Im Alter von etwa 16 Jahren machte ich mit Cannabis in Form von Haschisch Bekanntschaft. Ich stellte fest, dass es bei mir einen erweiterten Bewusstseinszustand hervorrief, der mir ermöglichte, mein Leben mit fokussierter und klarer Aufmerksamkeit zu betrachten. Wenn ich high von Haschisch war, staunte ich über die Schönheit der Natur, genoss Musik und Kunst auf intensivere Weise und mir wurde eindrücklich klar, dass ich ein sonderbares, sich seiner selbst bewusstes Tier mit Gedanken, Emotionen, Sehnsüchten und Ängsten bin. Durch Cannabis betrachtete ich mich selbst und die Welt aus einer Perspektive, die reicher und faszinierender war als die des gewöhnlichen Bewusstseins. Manchmal war dies beunruhigend und sogar beängstigend, aber die geschärfte Sicht auf das Leben konnte die Schattenseiten mehr als ausgleichen. Durch Cannabis wurde ich zutiefst neugierig auf mein eigenes Innenleben und seine Möglichkeiten.

Während meiner letzten beiden Schuljahre habe ich mit LSD experimentiert. Ich muss es ungefähr zwanzig oder dreißig Mal genommen haben. Es rief eine herrlich elektrisierende Version dessen hervor, was ich mit Cannabis erlebt hatte. Ich war hingerissen von den sich endlos entfaltenden fraktalen Mustern, die hinter meinen geschlossenen Augen entstanden; der Anblick eines Käfers, der einen Grashalm überwindet, das verschachtelte Gewebe eines Blattes – alles war auf der Ebene mystischer Verzückung angesiedelt. Sogar der eine »schlechte Trip«, den ich hatte, rief ein Traumbild von Matthias Grünewalds Isenheimer Altar aus dem 16. Jahrhundert in mir hervor, der die grausame Kreuzigung und die strahlende Auferstehung Christi zeigt, und veranlasste mich dazu, per Anhalter quer durch Frankreich zu fahren, von Dinan in der Bretagne (wo ich das LSD eingenommen hatte) nach Colmar an der deutschen Grenze, um ihn mir anzusehen.

Als ich mit 21 Jahren Mönch wurde, nahm ich fast zehn Jahre lang keine psychoaktiven Substanzen mehr ein. Gegen Ende meiner klösterlichen Ausbildung, als Mönch in Korea, rauchte ich gelegentlich die Blätter von Hanfpflanzen, die die örtlichen Bauern anbauten, um daraus Seile und Stoffe herzustellen. Nach Jahren meditativer Übung stellte ich fest, dass ich die Wirkungen von Cannabis besser kontrollieren konnte. Anstatt mich in aufregende, aber zusammenhanglose Gedankenstränge zu verstricken, konnte ich die Kraft des Heilmittels nutzen, um meine Kontemplation des Dharma zu vertiefen. Ich vermochte nicht nur mit größerer Klarheit und Präzision nachzudenken, sondern war zudem imstande, ein Thema auch aus gänzlich anderen Blickwinkeln zu betrachten. Im nüchternen Licht der Rückschau erkannte ich, dass einige dieser »Einsichten« aus solchen Träumereien tatsächlich recht verstiegen waren, viele erwiesen sich aber als wertvolle Fortschritte in meinem Verständnis oder bestätigten es.

Als Mönch Cannabis zu konsumieren lehrte mich, dass solche Substanzen im Geist eine Kraft erzeugen, die für sich genommen weder gut noch schlecht ist. Was zählt, ist, ob du imstande bist, diese Kraft für deine eigenen Zwecke zu nutzen, anstatt von ihr überwältigt zu werden. In meinem Fall erforderte dies, dass ich zunächst ein gewisses Maß an Selbstführung erlangte, indem ich mich in einer kontemplativen Disziplin schulte, die in einer philosophischen und ethischen Grundhaltung verwurzelt ist.

Ich habe auch erfahren, dass es bei solch einer Selbstmedikation genauso sehr um die Steigerung der Leistungsfähigkeit geht wie um die Linderung schmerzhafter Gefühle. Ich fand heraus, dass ich Cannabis am besten in Abgeschiedenheit und Stille konsumierte, in einem klaren und ungestörten Geisteszustand. In Bezug auf das Schreiben entdeckte ich, wie Cannabis dazu beitrug, dass ich mir die Entfaltung und Entwicklung eines Textes besser vorstellen konnte, und wie es meine Fähigkeit schärfte, das bereits Geschriebene zu bearbeiten. Es war jedoch wenig hilfreich für den Prozess der Ausarbeitung an sich.

Nachdem ich entrobt hatte und als verheirateter Mann nach Europa zurückgekehrt war, fand ich Gefallen an Wein. Obwohl ich nur abends etwas trank, um mich zu entspannen und zum geselligen Beisammensein, wurde dies zu einem täglichen Ritual, an das ich mich gewöhnte. Die Routine wurde unterbrochen, wenn ich ein Meditations-Retreat anleitete oder an einem teilnahm, aber ich nahm sie immer wieder unverändert auf, sobald ich nach Hause zurückkehrte. Für mich allein rauchte ich auch weiterhin Cannabis.

Zeitgenössische liberale Gesellschaften scheinen nicht in der Lage zu sein, eine Entscheidung darüber zu treffen, was einen angemessenen Umgang mit solchen Substanzen ausmacht. Alkohol und Tabak sind leicht erhältlich, obwohl 2016 allein in den Vereinigten Staaten von Amerika täglich durchschnittlich 240 Menschen aufgrund von Alkohol- und rund 1.300 Menschen aufgrund von Tabakkonsum starben. Weltweit schätzt man die Anzahl der so bedingten Todesopfer auf etwa neun Millionen. Trotz dieser Statistiken werden weiterhin Jahr für Jahr Milliarden von Dollar für Zigaretten-, Bier-, Wein- und Spirituosenwerbung ausgegeben. Im Gegensatz dazu werden Cannabis, Peyote, Ayahuasca kriminalisiert, obwohl Menschen sie seit Hunderten von Jahren eingenommen haben, oftmals als religiöse Sakramente, mit allem Anschein nach minimaler Beeinträchtigung ihrer physischen und psychischen Gesundheit.

Der Buddhismus bietet dafür eine simple Lösung an: Verzicht. Abstinenz als Mittel gegen Substanzmissbrauch zu propagieren ist wie das Verfechten des Zölibats als Mittel gegen ungewollte Schwangerschaften und sexuell übertragbare Krankheiten. Theoretisch ist es idiotensicher; praktisch ist es nicht umsetzbar. Solange wir in einer offenen und toleranten Gesellschaft leben, werden die Menschen ebenso weiterhin Selbstmedikation betreiben, wie sie auch weiterhin Sex haben werden.

Säkulare Regierungen und traditionelle Religionen verlieren mehr und mehr die moralische Autorität, um in diesen Angelegenheiten Gesetze zu erlassen oder Leitlinien anzubieten. Solange moderne Gesellschaften den Konsum illegaler Substanzen bei berühmten Kulturschaffenden dulden, schwächen sie ein Bekenntnis zur Rechtsstaatlichkeit – insbesondere in den Augen von Jugendlichen, die diese Persönlichkeiten als ihre Vorbilder betrachten. Solange sich Religionen weigern, eine Herangehensweise jenseits der Abstinenz zu billigen, versagen sie darin, angemessene und differenzierte Unterweisungen hinsichtlich ihres Gebrauchs und Missbrauchs anzubieten. Und solange wir Selbstmedikation nicht als einen Weg neben anderen verstehen, um mit unserer Einsamkeit, unserem Mit-uns-Alleinsein, zurechtzukommen, mangelt es uns am nötigen Kontext, um sie in die Wissenszweige zu integrieren, in denen es um die Pflege unserer Seele geht.

10

Er lässt von einer Position ab, ohne eine andere
einzunehmen –
er ist nicht bestimmt durch das, was er weiß.
Er schließt sich auch keiner abweichenden Fraktion an –
er nimmt überhaupt keine Ansicht an.
VIER ACHTER, 4:5

Als Montaigne seine Gedanken niederschrieb, war er überrascht zu entdecken, dass seine natürliche Veranlagung einen Hang zur Philosophie einschloss. Er vermerkte, ein neuer Charakter sei geboren: »der zufällige Philosoph«. Gleichzeitig beklagte er, Philosophie bedeute mittlerweile selbst für gebildete Menschen seiner Zeit etwas »Spekulatives und Aufgeblasenes, ohne Nutzen oder Wert«. Die Schuld daran schrieb er einem trockenen Intellektualismus (»Teleologie«) zu, der diesen Wissenszweig in ein düsteres, abschreckendes

Themengebiet verwandelt habe. Für ihn gab es nichts »Freudigeres, Lebendigeres oder Verspielteres – ich würde fast sagen Erregenderes« als die Philosophie.

Für Montaigne gilt: »Erstaunen ist die Grundlage aller Philosophie; Untersuchung der Weg, auf dem sie voranschreitet; und Nichtwissen ihr Ziel.« Er erkennt und bejaht »eine Art des Nichtwissens, das mächtig und großzügig und nicht weniger ehrenwert oder mutig ist als Wissen«. Er bezeichnet solches Nichtwissen als seine »Urform«. Es ist ihm ein Rätsel, dass Menschen nur von »Wundern und seltsamen Ereignissen« in Erstaunen versetzt würden, die »sich zu verstecken scheinen, wann immer ich auftauche«.

> Ich habe nichts Merkwürdigeres oder Wunderbareres gesehen als mich selbst. Mit der Zeit gewöhnen wir uns an seltsame Dinge, aber je mehr ich mich selbst erforsche und mich selbst kenne, desto mehr erstaunt mich meine Eigentümlichkeit und desto weniger verstehe ich, wer ich bin.

Er zitiert Sokrates, »den weisesten Mann aller Zeiten«, der, als er gefragt wurde, was er wisse, geantwortet haben soll: »Alles, was ich weiß, ist, dass ich nichts weiß.«

Eigentümlichkeit ist schwerlich auf sich selbst beschränkt. »Denk nur mal an den Nebel, durch den wir uns tasten müssen, um die Dinge zu erfassen, die wir in unseren Händen halten«, schlägt er vor. »Es ist eher die Vertrautheit als das Wissen, das ihnen das Seltsame nimmt.« Montaigne zitiert den epikureischen Philosophen und Dichter Lukrez, der fragt:

Stell dir vor, diese Dinge würden Menschen jetzt zum ersten Mal gezeigt, unvermittelt und ohne Vorwarnung. Was könnte für wundersamer gehalten werden als diese Wunder, an deren Existenz niemand zuvor auch nur zu glauben gewagt hätte?

Montaigne wurde von seinem geliebten, aber anspruchsvollen Vater aufgezogen, um ein Mensch der Renaissance zu werden. Bis zum Alter von sieben Jahren durfte er nur Latein sprechen. Seine humanistische Bildung ließ ihn in die Kultur des alten Griechenlands und Roms eintauchen. Die gerade wiederentdeckten Werke von Platon, Aristoteles, Epikur, Seneca, Plutarch und anderen wurden zu seinem Lebenselexier. Zur Inspiration ließ er Lieblingszitate auf die Balken und Schwellen seiner Bibliothek malen. Er nahm sich die herausragenden Staatsmänner der Antike zum Vorbild, die ein breites Wissen besaßen und sich nicht auf eine einzige Denkrichtung beschränkten. Er zitiert Cicero: »Ich muss schreiben, aber auf eine Weise, die nichts behauptet; ich werde immer auf der Suche sein, meistens zweifeln, selten mir selbst vertrauen.« Wie Cicero kehrte Montaigne immer wieder zum philosophischen Skeptizismus zurück, der mit Sokrates und Pyrrhon seinen Anfang nahm.

Pyrrhon, der in der Tradition des »lachenden« Philosophen Demokrit ausgebildet worden war, begleitete Alexander den Großen nach Indien, wo er bei den Weisen, die er dort traf, studierte. Nach seiner Rückkehr nach Griechenland führte er ein einfaches Leben und lehrte Philosophie. Sein Schüler Timon schrieb über ihn:

> Pyrrhon erklärte, dass die Dinge gleichermaßen in-different, un-ermesslich und un-entscheidbar seien. Deshalb erzählen uns weder unsere Empfindungen noch unsere Meinungen Wahrheiten oder Unwahrheiten. Wir sollten ihnen nicht das geringste Vertrauen entgegenbringen, sondern ohne Urteil sein, ohne Vorliebe und unerschütterlich und über jedes Ding sagen, dass es nicht mehr ist als nicht ist oder sowohl ist und nicht ist oder weder ist noch nicht ist. Das Ergebnis für diejenigen, die diese Haltung einnehmen, wird zunächst Sprachlosigkeit sein, dann ruhige Gelassenheit (*Ataraxie*).

Für Montaigne besitzt »keine andere Erfindung des menschlichen Geistes so umfassende Gültigkeit und großen Nutzen« wie der Pyrrhonismus, der den Menschen »nackt, leer und seiner natürlichen Schwächen gewahr« darstellt. Pyrrhonisten betreiben eine fortlaufende, ergebnisoffene Untersuchung, die einen Mittelweg zwischen Bejahung und Verneinung einnimmt. Ihr Ziel, sagt Montaigne, »ist es, Dinge aufzurütteln, zu zweifeln, zu untersuchen, sich keiner Sache sicher zu sein, sich für nichts zu verbürgen.« Er räumt ein, dass diese Herangehensweise schwer zu fassen ist. »Wer auch immer sich ein immerwährendes Eingeständnis der Unwissenheit, ein unvoreingenommenes Urteil in jeder einzelnen Situation vorstellen kann, kann den Pyrrhonismus begreifen.«

Aus Montaignes Sicht suchen Pyrrhonisten Ataraxie, um eine »Ruhigstellung des Urteilens« zu erreichen. Montaigne definiert Ataraxie als

> eine friedvolle und ruhige Lebensweise, die nicht getrübt ist vom Druck der Meinungen und vom Wissen, das wir über Dinge zu haben vorgeben, welche Furcht, Geiz, Neid, maßlose Begierden, Ehrgeiz, Stolz, Aberglaube, Reiz des Neuen, Rebellion, Ungehorsam und Rechthaberei sowie die meisten unserer körperlichen Leiden hervorrufen.

Ataraxie ist ein anderer Ausdruck für die Art von Einsamkeit oder Mit-sich-Alleinsein, nach der Montaigne strebt – Freiheit von Meinung und Leidenschaft. Um wirklich allein zu sein, müssen wir uns in einen ruhigen und klaren Geisteszustand eingewöhnen, der weder durch zwanghafte Gedanken noch durch widerstreitende Emotionen gestört wird.

Philosophischen Skeptizismus, erklärt Montaigne, »kann man sich am besten als eine Frage vorstellen: ›*Que sçay-je*?‹ – ›Was weiß ich?‹« Das wurde zu seiner Losung. Er ließ sie auf seinem Wappen verewigen, auf dem zwei Waagschalen abgebildet waren, die die Selbstverpflichtung, keine Meinung gegenüber irgendeiner anderen zu favorisieren, symbolisieren. Pyrrhonisten nennen diesen Balanceakt »sich des Urteils enthalten« (*Epoché*), eine Praxis, die von einsamem Nachdenken bis zu Gesprächen mit Freunden reicht. »Ich kümmere mich wenig darum, welche Themen besprochen werden«, gibt Montaigne zu. »Alle Meinungen über sie sind eins für mich; und es ist mir mehr oder weniger gleichgültig, welche Sichtweise als Siegerin hervorgeht.«

»Pyrrhonistische Philosophen«, so Montaigne,

> können ihre Lebensanschauung nicht in irgendeiner vertrauten Weise zum Ausdruck bringen. Sie benötigen eine neue Sprache: denn unsere besteht vollständig aus affirmativen Aussagen, die für sie völlig inakzeptabel sind. Wenn sie also sagen, »ich zweifele«, kannst du sie an der Gurgel packen und sie gestehen lassen, dass sie eines ganz sicher wissen: dass sie zweifeln.

Die *Essais* sind Montaignes Versuche, diese neue Sprache zu finden. Er erweitert sie ständig. Sie treiben immer wieder neue Keime. Er löscht oder ändert nichts als nur gelegentlich ein Wort. »Ich wechsle willkürlich und chaotisch das Thema«, sagt er. »Meine Feder und mein Geist streifen aus eigenem Antrieb umher. Wenn du weniger Torheit wünschst, brauchst du einen Hauch von Verrücktheit.«

Keine noch so aufwändige Analyse der *Essais* wird jemals erfassen, wer oder was Montaigne *ist*. Das wäre »wie der Versuch, Wasser in der Faust festzuhalten: denn, je fester du etwas zusammendrückst, dessen Eigenart es ist, überallhin zu laufen, desto mehr verlierst du von dem, was du festhalten willst«.

11

BEDSE, MAHARASHTRA, INDIEN, JANUAR 2013

Ich blicke auf den Flickenteppich von Feldern und verstreuten Dörfern, der sich mit dem verschwommenen Horizont der Westghats verbindet. Wenn ich genau hinhöre, kann ich das schwache Rauschen des Verkehrs auf der Autobahn von Pune nach Mumbai ausmachen. Ansonsten ist es so still, wie es wohl auch für diejenigen war, die hier in ihren in Fels gehauenen Zellen vor zweitausend Jahren gelebt haben. Diese Stille wird durch die leichte Brise verstärkt, welche die vergilbten Gräser des Winters bewegt und Schwärme kleiner zwitschernder Vögel aufscheucht.

Ich drehe mich um und wende mich dem Teufelsgipfel-Kloster zu, das von Hand aus dem dunklen Basaltfelsen des Hügels gehauen wurde, der über mir emporragt. Zu meiner Linken befindet sich, über einen schmalen Hohlweg zugänglich, der etwa zwölf Meter tiefe apsidiale Schreinraum mit einem Steinstupa an der Stirnseite. Zu meiner Rechten liegt der ebenfalls nach Art einer Apsis gebaute Wohnbereich, der in regelmäßigen Abständen Zugang zu insgesamt neun Zellen mit jeweils zwei Betten gewährt.

Bedse, Grundriss; auf einer Zeichnung von Dr. J Burgess (1880) basierend

Abgesehen von einem Mendikanten namens Gobūthi und seinem Schüler Asāḷamita, deren Namen in der einzigen Inschrift der Stätte erhalten sind, wissen wir nicht, wer hier gelebt hat. Wir wissen auch nicht, wer diese Räumlichkeiten in mühevoller Kleinarbeit mit Meißeln aus hochfestem Stahl in den harten vulkanischen Stein geschlagen hat. Es gibt keine Inschriften, die uns verraten, wer sie unterstützt hat. Im nahegelegenen Felsenkloster in Kārla sind hingegen die Spenden einer Gruppe von Wohltätern verzeichnet, darunter »der Parfümeur Siṃhadata, der Zimmermann Sāmi, der Grieche Sihadhaya, der Grieche Dhaṃma und ein gewisser Mitadevaṇaka«.

Mendikanten mit kahlgeschorenen Köpfen und ockerfarbenen Roben saßen in diesen Zellen mit verschränkten Beinen, während Jesus vierzig Tage in der Judäischen Wüste verbrachte, fastete und vom Teufel versucht wurde. Soweit wir wissen, haben hier auf dem Teufelsgipfel achthundert Jahre lang keine Mönche mehr meditiert, seitdem der Buddhismus vom indischen Subkontinent verschwunden ist. Ein Hirte aus dem Dorf Bedse liegt im schützenden Schatten des Wohnbereichs, sein Gesicht ist mit einem abgewetzten Tuch bedeckt, während seine Ziegen an den steilen Hängen nach Futter suchen.

Mit sich allein sein hat nichts damit zu tun, sich in einer dunklen, kühlen Zelle, hoch oben, jenseits der Betriebsamkeit des bäuerlichen Lebens weiter unten, zu verkriechen. Sobald der Reiz des Neuen verfliegt, wirst du feststellen, wie Abgeschiedenheit die Nöte und die Bedürfnisse, die du verspürst, noch steigert. Ganz egal, wo du deinen Körper verbirgst, du kannst diesen altgedienten, sich immer wieder in den Vordergrund drängenden Gewohnheiten des Geistes nicht entkommen. Für Menschen wie Gobūthi und Asāḷamita, die zweifelsohne mit den Listen und Versuchungen des Teufels vertraut waren, hatte der Name des Klosters sicher eine grausam spöttische Schärfe.

Ich bleibe im Schreinraum stehen. Ich bin allein in einer bildhauerisch gestalteten Leere. Die 26 Säulen, die parallel zu den Wänden angeordnet sind, erfüllen keinen statischen Zweck. Nähme man sie weg, würde nichts passieren. Ich hatte vergessen, dass die Säulen und der Stupa einfach Teile des Berges sind, die nicht entfernt wurden. Sie waren bereits hier, bevor die Meißel sich an die Arbeit machten, sie zu »enthüllen«. Nur der leere Raum in der Halle wurde neu geschaffen.

Ich kann nicht umhin, die Leere, in der ich stehe, als Metapher für die Leerheit zu sehen: das Fehlen zwanghafter Reaktivität, eine Vorbedingung für den ungehinderten Freiraum der Pfade, die menschliches Gedeihen ermöglichen. Die schmucklose Schlichtheit des aus dem Felsen gehauenen Schreins ruft für mich den Buddha-Dharma wach, wie er war, bevor er sich zum Dogma wandelte. Dies ist in Stein gemeißeltes Nirvana. Bis Metaphysiker das Konzept der Leerheit an sich gerissen haben, war es lediglich eine andere Art und Weise, über Mit-sich-Alleinsein zu sprechen.

Dass Mit-sich-Alleinsein, Einsamkeit, ein Synonym für »Nirvana« oder »Leerheit« ist, wird in den Eröffnungszeilen der *Vier Achter* angedeutet, die da lauten:

> Die Kreatur, in ihrer Zelle verborgen –
> ein Mensch, in dunklen Leidenschaften versunken,
> ist weit, weit davon entfernt, mit sich allein in Frieden zu sein.
> Schwer ist es, loszulassen, was uns antreibt,
>
> schwer, frei zu sein von Wünschen,
> die uns an Daseinsfreuden binden,
> du sehnst dich nach Vergangenem und Künftigem,

dürstest nach diesen Freuden im Jetzt – niemand anderes kann
dich retten.

VIER ACHTER, 1:1-2

Als ich diese Gedichte wegen ihrer Einsichten in das Mit-sich-Alleinsein zu studieren begann, war ich gleichsam von ihrer »Architektur« fasziniert. Jedes Gedicht besteht aus acht vierversigen Strophen, umfasst also insgesamt 32 Verse. Die Anzahl der Strophen in den vier Gedichten ist somit dieselbe wie die Anzahl der Verse in jedem einzelnen Gedicht: 32. Die Sequenzen, Kombinationen und Symmetrien der Vieren und Achten übten eine kraftvolle ästhetische Anziehungskraft auf mich aus. Die Gedichte erschienen vor meinem geistigen Auge als quadratische Tafel aus 32 Rechtecken, vier breit und acht hoch: ein Gitternetz, das darauf wartet, gefüllt zu werden.

Diese Versstruktur diente auch als Hilfsmittel, um sich ein Werk ins Gedächtnis einzuprägen, das mündlich weitergegeben wurde. Dennoch weigere ich mich, eine solche nutzwertorientierte Zielsetzung als einzige Erklärung dafür zu akzeptieren, dass der Text auf diese Weise verfasst wurde. Die Versstruktur erlegt dem Autor formale Beschränkungen auf. Für Dichter, wie den Verfasser der *Vier Achter*, waren solche Einschränkungen Teil ihrer künstlerischen Disziplin. Sie standen vor einer doppelten Herausforderung: ein Thema so klar und sparsam wie möglich zu formulieren und gleichzeitig die formale Gestaltung und die Kadenzen des Grundgerüsts einzuhalten.

Wie der in Fels gehauene Schrein am Teufelsgipfel sind diese Gedichte von einer Ästhetik der Leerheit geprägt. Jedes Gedicht propagiert und preist ein von selbstbezogenen Meinungen befreites Leben. Um ein solch inneres Mit-sich-Alleinsein zu verwirklichen, muss der Dichter seine eigenen Meinungen und seine Persönlichkeit aus dem Weg räumen. Statt uns dann zu sagen, dass Meinungen einengend und irreführend seien, was einfach nur eine andere Meinung wäre, nutzt er die Struktur der Gedichte, um seinen Standpunkt zu verdeutlichen. Mich erinnert das an W. H. Audens Laudatio:

> Gesegnet seien alle metrischen Regeln, die automatische Antworten verbieten, uns zwingen, ein weiteres Mal nachzudenken, frei von den Fesseln des Selbst.

Die Einhaltung der formalen Struktur des Werks beschränkt die gewohnheitsmäßigen Impulse des Dichters. Er kann nicht einfach den nächsten brillanten Gedanken, der ihm in den Sinn kommt, äußern. Er muss herausfinden, was innerhalb der formalen Grenzen möglich sein wird und was nicht. Dies ist keine trocken rationale Berechnung, die man zur Lösung eines technischen Problems verwenden könnte. Die Versform wird zum Äquivalent der in den Felsen gehauenen Zelle: ein umgrenzter Raum des Mit-sich-Alleinseins und der Kontemplation, der die Möglichkeit eröffnet, etwas zu äußern, das nicht von vertrauten Sehnsüchten, Ängsten und Abneigungen bestimmt wird.

Ich verlasse den Schreinraum und gehe hinüber zum Wohnbereich der Mönche. Ich nehme den vierten schmalen Eingang auf der linken Seite und setze mich mit verschränkten Beinen auf eines der beiden Felsenbetten in der Zelle. Die Oberfläche, auf der ich sitze, ist grob und uneben, genau wie auch die Wände und die Decke. Wenn ich mit den Fingern über den Fels streiche, kann ich die abschließenden Einkerbungen des Meißels spüren, der vor zweitausend Jahren das Bett geformt hat. An der Stelle, an der das Bett mit der Ecke der Zelle verbunden ist, berühre ich ein kleines dreieckiges Füllstück aus einem glatteren Material. Als sich meine Augen an das fahle Licht gewöhnt haben, erkenne ich, dass es sich um ein erhalten gebliebenes Stück des Putzes handelt, von dem einst alle Oberflächen dieses kleinen Raumes überzogen waren.

12

Ich wurde 1974 von S. N. Goenka in die Praxis der Achtsamkeit eingeführt, nur wenige Wochen, nachdem ich zum Novizen ordiniert worden war. Zusammen mit einer Gruppe junger tibetischer Mönche und westlicher Buddhismus-Studierender nahm ich an einem zehntägigen Vipassanā-Retreat im indischen Dharamsala teil.

In den ersten drei Tagen kultivierten wir die Achtsamkeit auf den Atem, indem wir uns auf das Empfinden des Atems konzentrierten, wenn er über die Oberlippe strich. Nach einer Weile bündelte sich das flüchtige Vorbeiströmen des Ein- und Ausatems an einem stabilen Empfindungspunkt in der Mitte der Lippe. Dieser Punkt wurde dann zum ausschließlichen Fokus der Meditation.

Als ich konzentrierter wurde, begann ich Blitze von farbigen Lichtern und Mustern in meinem Geist zu sehen. Sie dauerten nicht lange an und uns wurde geraten, ihnen keine Aufmerksamkeit zu schenken. Am Ende des dritten Tages erlebte ich noch nie dagewesene Zustände fokussierter Aufmerksamkeit, die ich jeweils mehrere Minuten lang ohne Ablenkung aufrechterhalten konnte.

Am vierten Tag verlagerten wir unseren Fokus von der Oberlippe auf einen Punkt auf dem Scheitel des Kopfes. Von dort aus weiteten wir sorgsam unsere Aufmerksamkeit auf den restlichen Teil der Kopfhaut, das Gesicht, die Ohren, den Hals aus, bis wir den Oberkörper erreichten. Dann wanderten wir mit unserer Aufmerksamkeit langsam weiter durch den Rest des Körpers, entlang jeden Armes und Beines, bis wir die Zehenspitzen erreichten. Sobald dieser Scan in Abwärtsrichtung abgeschlossen war, wiederholten wir die Prozedur in umgekehrter Richtung, bis wir wieder am Scheitel ankamen. Wir verbrachten jede Meditationssitzung damit, den Körper auf diese Weise von Kopf bis Fuß und wieder zurück durchzugehen.

Zunächst war meine Erfahrung uneinheitlich. Einige Körperteile summten, kribbelten, vibrierten und pulsierten, während andere Teile sich fast empfindungslos anfühlten. Als ich die Übung beharrlich fortführte – das war alles, was wir jeden Tag mehrere Stunden lang taten –, wurden die toten Zonen allmählich lebendig, bis ich meinen ganzen Körper als eine einzige Masse vibrierender Empfindungen spürte.

Mit tiefer, beruhigender Stimme wies uns Herr Goenka an, auf die Bandbreite an angenehmen, unangenehmen und neutralen Gefühlen zu achten, die mit diesen Empfindungen verbunden waren. Ein Schmerz im Knie spaltet sich auf in physische Reaktionen, die ausgelöst werden durch die Beanspruchung des Gelenks, als Folge des langen Sitzens mit verschränkten Beinen, und ein subjektives Empfinden dieses Zustands als unangenehm. Indem man die Achtsamkeit verfeinert, lernt man zwischen physischen Sinneseindrücken oder Geräuschen und den Gefühlen, die man damit verbindet, zu unterscheiden. Das versetzt einen in die Lage, in einem äußerst empfänglichen, aber weniger reaktiven Geisteszustand zu verweilen.

Herr Goenka forderte uns auf, wahrzunehmen, wie sogar die hartnäckigsten Wahrnehmungen und Gefühle kamen und gingen. Wenn ich einen stechenden Schmerz im Knie genau erforschte, verwandelte sich dieser, so entdeckte ich, an einem bestimmten Punkt von etwas Stabilem und Unangenehmem in ein schnell pulsierendes Muster von Empfindungen, die nicht mehr so schmerzhaft waren. Ich erkannte, dass das, was ich zu irgendeinem Zeitpunkt erlebte, durch die physischen Prozesse und die Art und Weise, wie ich sie aufgrund meiner Konditionierung interpretierte und auf sie zu reagierte, mitkreiert wurde. Ich erinnere mich daran, wie ich zwischen den Meditationssitzungen mit verschränkten Beinen in ekstatischem, stillem, weitherzigem Gewahrsein draußen im Gras saß, während die Windböen, die aus den Ebenen des Punjab unterhalb von Dharamsala aufstiegen, durch mich hindurchzuwehen schienen. Das Gefühl einer getrennten Welt »da draußen«, die von einem losgelösten Subjekt »hier drinnen« beobachtet wurde, begann sich aufzulösen.

All dies geschah vor mehr als vierzig Jahren, aber die Auswirkungen begleiten mich bis heute. Meine damalige Einführung in die Achtsamkeit bildet seither die Grundlage meines kontemplativen Lebens. Achtsamkeit ist weit mehr als eine bloße Technik; sie hat mir eine neue Empfindsamkeit für das Leben als Ganzes geschenkt, eine völlig andere Sichtweise davon, wie ich ein praktizierender Mensch in der Welt sein kann.

Meine tibetisch-buddhistische Ausbildung und Übungspraxis während der zwei Jahre vor dem Retreat waren eine optimale Vorbereitung für diese Praxis gewesen. Ich war es gewohnt, einen Großteil des Tages mit verschränkten Beinen auf dem Boden sitzend zu verbringen, so dass mich lange Einheiten der Sitzmeditation nicht bekümmerten. Meine täglichen Reflexionen und Studien – über die Kostbarkeit des menschlichen Lebens, die Unabwendbarkeit des Todes, Entsagung, existenzielle Selbstverpflichtung, altruistische Entschlossenheit und Leerheit – lieferten einen sinn- und wertstiftenden Boden, in dem sich ein achtsames Gewahrsein verwurzeln konnte. Ich hatte sehr intensiv über Unbeständigkeit und Selbstlosigkeit nachgedacht. Jetzt erlebte ich sie instinktiv, ohne Einbeziehung des Verstandes. Ich war Teil des lebendigen Gefüges menschlicher Erfahrung, in das ich untrennbar verwoben war, und gleichzeitig war ich frei, zu untersuchen und zu erforschen. Achtsamkeit war, wie ich entdeckte, keine distanzierte, losgelöste Betrachtung. Ihre Praxis diente dazu, die inneren Konturen meines Mit-mir-Alleinseins zu formen.

Die Idee der Achtsamkeit war für mich auch nicht neu. Seit vielen Monaten studierte ich Śāntidevas *Anleitung zum*

Leben als Bodhisattva. Das gesamte fünfte Kapitel dieses indisch-buddhistischen Textes aus dem 8. Jahrhundert ist der Praxis achtsamen Gewahrseins gewidmet.

Herr Goenka stellte die Werkzeuge zur Verfügung, um Śāntidevas Lehren über Achtsamkeit in eine gefühlte Realität umzuwandeln, während Śāntidevas Überlegungen die ethische Dimension für Herrn Goenkas kontemplative Praxis bereitstellten. »Wenn der Elefant meines Geistes«, schreibt Śāntideva, »durch das Seil der Achtsamkeit an allen Seiten fest angebunden ist, werden alle Ängste aufhören zu existieren und alle Tugenden werden in meine Hände gelangen.« Der Zweck der Achtsamkeit besteht nicht nur darin, sich des Atems, körperlicher Wahrnehmungen und der Gefühle besser bewusst zu werden. Für Śāntideva bedeutet es, ständig achtsam in Bezug auf die eigenen ethischen Bestrebungen zu sein. Achtsamkeit wird mit dem Torwächter an der Pforte des Geistes und der Sinne verglichen, wachsam gegenüber jeglichem Impuls, der dich von deinen Zielen abzulenken und dich zu schwächen droht. »Die Diebe der Unbewusstheit«, bemerkt er, »folgen dem Niedergang der Achtsamkeit und berauben dich deiner Gutheit.« Sie umkreisen dich, um »auf eine Gelegenheit zu warten«, einzubrechen und von dir Besitz zu ergreifen. Achtsamkeit ist eine erhöhte Aufmerksamkeit, die das allererste Aufkeimen reaktiver Impulse und neurotischer Gewohnheiten bemerkt, bevor sie die Möglichkeit haben, anzugreifen. »Wenn ich, an der Schwelle zum Handeln, sehe, dass mein Geist befleckt ist«, sagt sich Śāntideva, »dann sollte ich unbeweglich bleiben wie ein Stück Holz.«

Das Stück Holz ist eine Metapher für Gleichmut, nicht für Gleichgültigkeit. Achtsamkeit ist eine ausgewogene, reflektierende Haltung, in der man die Niederträchtigkeit oder den Sarkasmus wahrnimmt, die im Geist aufsteigen, ohne sich mit ihnen zu identifizieren oder sie abzulehnen. Man beobachtet mit Interesse, was passiert, ohne dem Drang, darauf zu reagieren, oder dem schuldbewussten Verlangen, es zu ignorieren oder zu unterdrücken, nachzugeben. Dies bedeutet eine radikale Akzeptanz dessen, wer und was man ist, ohne dass irgendetwas unwürdig wäre, Gegenstand einer derartigen Aufmerksamkeit zu sein. Man sagt »ja« zum Leben, in all seinen Facetten, mit einer Haltung ironisch mitfühlender Wertschätzung. Indem man diese nicht reaktive Grundhaltung im Laufe der Zeit stärkt, wird Achtsamkeit mehr und mehr die Grundlage des eigenen ethischen Lebens.

Diese Sichtweise wird im Kommentar des tibetischen Lamas Tokmé Zongpo aus dem 14. Jahrhundert zum Text von Śāntideva verdeutlicht. Für Tokmé Zongpo bedeutet Achtsamkeit »die Rückbesinnung auf alles, was man loslassen und verwirklichen möchte«, während Gewahrsein bedeutet, »zu wissen, wie man dieses Loslassen und Verwirklichen in die Tat umsetzen kann«. Achtsames Gewahrsein umfasst somit das gesamte Projekt menschlichen Gedeihens. Achtsam zu sein bedeutet, sich daran zu erinnern, die zwanghafte Reaktivität loszulassen und eine nicht-reaktive Lebensweise zu verwirklichen, während Bewusstseinsklarheit bedeutet, zu wissen, wie man die psychischen, kontemplativen, philosophischen und ethischen Fähigkeiten verfeinert, die zum Erreichen dieser Ziele erforderlich sind.

Seit dem Vipassanā-Retreat mit Herrn Goenka und dem Studium von Śāntidevas *Anleitung zum Leben als Bodhisattva* sind die kontemplative und die ethische Dimension der Achtsamkeit für mich untrennbar. Achtsames Gewahrsein verankert meine Aufmerksamkeit in der reinen Unmittelbarkeit der Erfahrung und dient gleichzeitig als ethischer Kompass, der meine Reaktion auf diese Erfahrung leitet. »Was ist die Kraft der Achtsamkeit?«, fragte Gotama über tausend Jahre vor Śāntideva. »Der edle Praktizierende ist achtsam: Er ist mit höchster Achtsamkeit und höchstem Gewahrsein ausgestattet; was vor langer Zeit gesagt und getan wurde, dessen erinnert er sich zuverlässig und bewahrt es im Gedächtnis.«

13

Leute mit irriger Denkweise äußern Meinungen,
Leute mit auf Wahrheit ausgerichteter Denkweise tun
dies auch.
Wird eine Meinung unterbreitet, lässt sich der Weise
nicht hineinziehen –
es gibt nichts Erstarrtes an einem Weisen.
VIER ACHTER, 2:1

»Ich spüre«, sagt Montaigne, »wie der Tod mich ständig an Hals und Nieren packt.« Montaigne weiß, dass »jedes Stolpern eines Pferdes, jedes Fallen eines Ziegels, jeder kleinste Nadelstich« Vorbote seines Endes sein könnte. Um in Frieden sterben zu können, muss ein Philosoph sich von all seinen Bindungen an die Welt lossagen. Dies bedeutet für Montaigne »wahre Einsamkeit«, in der die eigenen Gedanken und Emotionen gezügelt und unter Kontrolle gebracht werden. »Sich auf den Tod vorzubereiten bedeutet, sich auf die Freiheit vorzubereiten. Derjenige, der gelernt hat, zu sterben, hat verlernt, ein Sklave zu sein.«

Sich von der Welt zu lösen ist alles andere als einfach. »Menschen erkennen die natürliche Krankhaftigkeit ihres Geistes nicht«, sagt Montaigne, der nichts tut, außer »auf der Suche nach etwas herumzustöbern, der sich unaufhörlich im Kreis dreht, etwas ausarbeitet und sich in seine eigene Tätigkeit verwickelt wie eine Seidenraupe, bis er darin erstickt wie ›eine Maus im Pechtopf‹.« Wir hetzen umher in einer zwanghaften Flucht vor dem Tod. »Jeden Moment«, sagt er, »scheint es, als würde ich vor mir selbst fliehen.« Ganz egal, wie viele Gesetze oder Richtlinien wir auch zu Hilfe nehmen, um unseren Geist damit einzufrieden, wir werden ihn trotzdem »geschwätzig und ausschweifend, allen Einschränkungen entkommend« vorfinden. Diese Flucht ist wirr und ziellos. Es gibt dabei »keine Verrücktheit oder Geistesstörung, die in diesem Aufruhr nicht hervorgerufen werden könnte. Wenn die Seele kein bestimmtes Ziel hat, verirrt sie sich.«

Chronische Unzufriedenheit befeuert diese Unruhe zusätzlich. »Nichts, was wir kennen und genießen, fühlt sich befriedigend an«, bemerkt Montaigne.

> Da Gegenwärtiges uns nicht zufriedenstellt, verlangen wir nach zukünftigen Dingen, von denen wir nichts wissen. Es ist nicht so, dass das, was gegenwärtig ist, uns nicht zufriedenstellen kann, aber wir ergreifen es auf eine kranke und unkontrollierte Weise.

Diese Strategie steigert die Unzufriedenheit, die sie zu zerstreuen sucht. Denn alles, an das wir uns klammern, entpuppt sich als hohl und leer. »Wir klammern uns an alles«, sagt er, »greifen aber nichts als Wind.«

Montaigne meint, dass unsere Natur uns von uns selbst ablenke, »um uns nicht zu entmutigen«. Um unsere Aufmerksamkeit abzulenken, hat sie »sehr geschickt das Beschäftigungsfeld unseres Blicks nach außen gerichtet, so dass wir von seiner Strömung vorwärtsgetrieben werden«. Aus diesem Grund »ist es ein schmerzhafter Schritt, den Lauf unseres Lebens wieder zurück auf uns zu richten«. Es ist harte Arbeit, gegen den Strom zu schwimmen. Es erzeugt Turbulenzen, wie »wenn das Meer, auf sich selbst zurückgedrängt, konfus durcheinandergewirbelt wird«.

Montaigne vergleicht sich mit einem »Schiff, das Risse bekommt, auseinanderbricht, Leck schlägt und sich der Erfüllung seiner Pflichten entzieht. Es muss schnell zusammengezimmert und mit ein paar tüchtigen Hammerschlägen fest abgedichtet werden.« Eine derartige Umgestaltung kann nicht unsystematisch erfolgen. Sie erfordert eine kontinuierliche Schulung der Seele. »Gewinne deinen Verstand und deinen Willen zurück, die sich anderweitig beschäftigen«, mahnt er. »Du schwindest dahin und zerstreust dich selbst. Konzentriere dich; halte dich zurück. Du wirst hintergangen, zerstreut, ausgeraubt.«

»Es ist ein heikles Unterfangen«, räumt er ein, »einem Kurs zu folgen, der so mäandrierend ist wie der unseres Geistes, seine undurchsichtigen Tiefen und versteckten Winkel zu durchdringen, so viele subtile Veränderungen in seinen Bewegungen wahrzunehmen und zum Stillstand zu bringen.« Dies ist ohne strikte Selbstbeherrschung nicht möglich. Um sein zwanghaftes Umherwandern zu zügeln, »müssen keinem Tier mit mehr Berechtigung Scheuklappen angelegt werden, damit es seinen Blick auf das gerichtet hält, was vor seinen Füßen liegt«. Es ist notwendig, dass du lernst, wie du »für dich allein ruhig, aufrecht, unbeugsam, ohne Bewegung oder Aufregung bleibst«. »Andere«, erklärt er, »studieren sich selbst, um ihren Geist voranzubringen und zu erheben: Ich suche ihn zu bescheiden und zur Ruhe zu legen.«

»Das Prozedere, das für mich gut geeignet ist«, sagt Montaigne, ist dies: »Mit sehr wenig Anstrengung unterbinde ich die erste Regung meiner Emotionen und lasse los, was auch immer mich zu beschweren begonnen hat, bevor es mich davonträgt.« Indem »[ich] die Auswirkungen und Umstände der Leidenschaften, die mich beherrschen, genau untersucht habe«, hat er gelernt, »die winzig kleinen Brisen, die mir entgegenwehen und in mir säuseln, als Vorläufer des Sturms« zu erkennen. Wenn er sieht, wie sie sich nähern, kann er »den Rausch ihres Angriffs ein wenig bremsen«. Die Erfahrung hat ihn gelehrt, dass, ohne zu wissen, wie »du die Tür gegenüber deinen Emotionen versperrst, du sie nie wieder hinausjagen wirst, wenn sie erst einmal Zutritt erlangt haben«.

Das eigene Leben zu ergründen und zu bewältigen bedeutet für Montaigne, die »größte Aufgabe überhaupt« zu meistern. Es ist nicht einfach, aber mit Übung kann man den Geist zähmen. Nur selten wagt sich überhaupt jemand an dieses Unterfangen, noch seltener gelingt es ihm. Montaigne hält sich in dieser Hinsicht für außergewöhnlich: »Noch nie hat jemand sich darauf vorbereitet, die Welt auf eine einfachere und umfassendere Weise zu verlassen, und noch nie hat sich jemand von ihr vollständiger gelöst, als ich es zu tun anstrebe.«

Montaigne folgt Platons »Mittelweg« zwischen »Hass auf Schmerz und Liebe zum Vergnügen« und weist sich selbst an, »gleichermaßen Schmerz und Vergnügen mit einem ruhigen Blick zu kontemplieren«. Um auf diese Weise zu leben, muss man sogar die Richtlinien und Hinweise über Bord werfen, die einen an diesen Punkt gebracht haben. »Die meisten Menschen verstehen es falsch«, erklärt er.

> Natürlich kann man leichter vorankommen, indem man sich an den Straßenrand hält, dessen Einfassung als Begrenzung und Führung dient, als wenn man dem weiten und offenen Mittelweg folgt. Ja, es ist weitaus einfacher, mit künstlichen als mit natürlichen Mitteln voranzukommen, aber es ist auch weit weniger edel und wird weniger geschätzt. Die Größe der Seele liegt nicht so sehr darin, erhabene Höhen zu erreichen und Fortschritte zu erzielen, sondern darin, ihre Bandbreite zu kennen und zu achten.

Man muss einen intuitiven Gleichgewichts- und Orientierungssinn entwickeln, der auf die Erfordernisse eines jeden Moments eingeht. »Ich will, dass der Tod mich beim Pflanzen meiner Kohlköpfe überrascht«, sagt er, »und ich mir weder über ihn noch über meine nicht zu Ende gebrachte Gartenarbeit Gedanken mache.«

14

TATE MODERN, LONDON, OKTOBER 2017

Ich bin in einem der weltweit größten Museen für moderne Kunst. Menschen gehen umher und reden mit gedämpften Stimmen. Hinter mir steht eine lebensgroße Figur, die aussieht, wie ein Mann, der mit Blei umhüllt ist. Beim Betreten des Raumes habe ich sie als ein Werk des britischen Künstlers Antony Gormley erkannt. Die Figur lehnt sich leicht nach hinten, ihre Arme und Beine sind gespreizt, ihre kaum erkennbaren Gesichtszüge blicken gen Himmel. Sie trägt den Namen *Untitled (for Francis)* [Ohne Titel (für Franziskus)] und beschwört den Augenblick, als der heilige Franziskus von Assisi die Stigmata empfing, wie in einem Gemälde von Giovanni Bellini aus dem späten 15. Jahrhundert dargestellt.

Meinen Rücken dem ekstatischen Heiligen zugewandt, blicke ich auf das einzige andere Werk in diesem Raum. Es ist ein zirka 1,5 x 1,5 Meter großes abstraktes Gemälde mit dem Titel *Faraway Love* [Weit entfernte Liebe] der US-amerikanischen Künstlerin Agnes Martin. Es besteht aus horizontalen Linien: fünf dünne weiße Streifen und vier breitere hellblaue Streifen. Die Streifen sind Rechtecke unterschiedlicher Breite, deren Ränder mit von Hand gezeichneten Bleistiftstrichen versehen sind. Die Farbe ist in einer dünnen Schicht aufgetragen worden. Stellenweise sind Fingerabdrücke der Künstlerin zu sehen. In dem unteren blauen Streifen verläuft die scheinbar zufällige Spur eines dünnen Strichs aus blauem Pigment.

Agnes Martin betonte, dass ihre Bilder nur dann vollständig seien, wenn sie beim Betrachter die gleiche Gefühlsqualität hervorriefen, die sie dazu inspiriert hatte, sie zu malen. Während ich mir ihr Werk genau ansehe, empfinde ich keine Zuneigung oder Liebe, weder von Nahem noch aus der Ferne. Ich fühle mich etwas rastlos und unsicher, während ich versuche, die Bedeutung dessen zu verstehen, was ich sehe. Nichts auf der Leinwand fesselt meine Aufmerksamkeit. Ich fühle mich abgelenkt und gelangweilt. Vielleicht untergräbt meine schuldbewusste Verpflichtung, *Faraway Love* wertzuschätzen, die unschuldige Offenheit des Herzens, die erforderlich ist, um Zuneigung zu empfinden.

Zwanzig Jahre lang arbeitete Agnes Martin in New York und New Mexico als unbekannte Künstlerin der figurativen Landschafts- und halbabstrakten Malerei. Während dieser Zeit verbrannte sie regelmäßig den größten Teil ihrer Werke.

Eines Tages, sie war Anfang fünfzig, dachte sie an die Unschuld der Bäume und ein Gitter feiner vertikaler Linien und blasser horizontaler Streifen erschien ihr im Geist. Sie malte, was sie sah, und gab ihm den Titel *The Tree* [Der Baum].

In den verbleibenden vierzig Jahren ihres Lebens sollten nahezu all ihre Gemälde Quadrate sein, die durch abstrakte Streifen dünn aufgetragener Farbe und Bleistiftlinien gegliedert waren. Ihre Technik war einfach und starr. Sie wartete auf Augenblicke der Inspiration, während derer ein kleines quadratisches Bild in ihrem Geist auftauchte. Sie vergrößerte den Maßstab mathematisch auf die Größe einer Leinwand und reproduzierte es dann exakt. Sie bestand darauf, dass diese Gemälde die konkrete Welt der Sinneserfahrung transzendierten. Sie waren Ausdruck rein abstrakter Emotionen, wie Unschuld, Vollkommenheit, Güte, Glück und Liebe.

»Ich male mit dem Rücken zur Welt«, erzählte sie 1997 einem Interviewer. Sie interessierte sich nicht dafür, was andere über ihr Tun denken mochten. Sie verneinte, dass diese fast merkmallosen Werke etwas mit den Prärien Kanadas zu tun hätten, wo sie geboren worden war, oder den Wüsten New Mexicos, wo sie lebte. Sie versuchte auch nicht, die Gefühle *abzubilden*, die sie inspiriert hatten. Indem sie zu einem selbstlosen Medium für die Inspiration geworden war, versuchte sie, den Blick auf diese freizugeben. Da ihre Gemälde der Inspiration entsprangen, weigerte sie sich, irgendein Verdienst für die fertigen Werke in Anspruch zu nehmen. Sie lastete sich nur etwaige Mängel an.

Agnes Martin betrieb ihre Kunst mit der zielstrebigen Hingabe einer Asketin. Sie glaubte, dass man sich im Leben allem entledigen müsse, was die ursprüngliche Inspiration und Vision stört. Wenn dies deine Familie oder Freunde und Freundinnen verprellt, dann ist das so. Aus ihrer Sicht verdecken Vorstellungen, Berechnungen und Ambitionen »die erhabene absolute Perfektion« des Lebens, die in jedem Moment gegenwärtig ist. Doch das Schlimmste, an was man bei der Arbeit denken kann, ist man selbst. Denn sobald der Drache des Stolzes sein feuriges Haupt erhebt, so beobachtete sie, beginnt man, Fehler zu machen.

»Die besten Dinge im Leben«, sagte Agnes, »passieren dir, wenn du allein bist.« Sie hat nie geheiratet, mit einer Partnerin zusammengelebt oder Kinder gehabt. Die Einsamkeit war der Ort ihrer Inspiration. Sie verbrachte Monate allein, als sie in einem Wohnmobil durch Nordamerika fuhr. Fast ein Jahrzehnt lang ließ sie sich auf den Portales-Tafelberg, oberhalb der Stadt Cuba in New Mexico nieder, ohne Strom oder Telefon. Der nächstgelegene Nachbar war zehn Kilometer entfernt. »Eine mystische Person und ein Einzelgänger«, schrieb sie, »sind das Gleiche.« Ihre Religion bestand lediglich in »Mit-sich-Alleinsein und Unabhängigkeit für einen freien Geist«.

Jahrelang meditierte Agnes zweimal täglich zwanzig Minuten lang, um ihren Geist für die Inspiration zur Ruhe kommen zu lassen. Im Alter von 85 Jahren erklärte sie in einem Videointerview, dass sie nicht mehr meditiere, weil sie gelernt habe, dass Denken zu stoppen. »Jetzt«, sagte sie, denke ich an gar nichts. Nichts geht mir durch den Kopf. Ich habe selbst keinerlei Vorstellungen und ich glaube nicht denen von anderen, so dass ich einen klaren Kopf behalte. Meine Güte, ja, einen leeren Geist, so dass man sehen kann, wenn etwas in ihn hineinkommt.

Das Video zeigt sie bei der Arbeit: eine alte Frau mit kurz geschnittenem Haar, einen Pinsel in der Hand, die geduldig zwischen dem Tisch mit ihrer Farbschale und der an einer Atelierwand befestigten Leinwand hin- und herwandert. Sie wendet sich an den Interviewer mit einfühlsamer, glucksender Begeisterung. Ihre Augen strahlen aus einem freundlichen, faltigen Gesicht. Hin und wieder scheint in ihnen eine fast wilde Behutsamkeit zu funkeln. Agnes Martin kämpfte darum, ihre künstlerische Vision in einer männlich dominierten Kunstwelt zu verwirklichen, in einer Gesellschaft, die ihrer Homosexualität und Schizophrenie voreingenommen und angsterfüllt begegnete.

Über Martins Werk wurde gesagt, es habe »die Qualität einer religiösen Aussage, fast die Form eines Gebets«. Agnes bevölkerte jenen undefinierbaren Raum zwischen künstlerischer Praxis und asketischer Praxis. Ihre Gemälde sind von der ruhigen, weiten Spiritualität des Daoismus, des Zen und der Kultur der amerikanischen Ureinwohner New Mexicos durchdrungen. Um *Faraway Love* voll und ganz zu würdigen, müsste man es über einen längeren Zeitraum betrachten, idealerweise allein und in Stille.

Antony Gormley, dessen Figur *Untitled (for Francis)* hinter mir stand, als ich über *Faraway Love* nachdachte, wurde katholisch erzogen und wuchs in England auf. Mit Anfang zwanzig reiste er nach Indien, wo er drei Jahre lang Buddhismus studierte. Für ihn war das erste zehntägige Vipassanā-Retreat, an dem er 1972 bei S. N. Goenka in Dalhousie teilnahm, »die allerwichtigste Erfahrung meines Lebens«. Im Gespräch mit dem Kunsthistoriker Ernst Gombrich beschreibt er 1995, wie die Meditation über »das Gefühl, in einem Körper zu sein« zu einem Werkzeug wurde, das er dann in der Bildhauerei *sublimierte.* Er betont nachdrücklich, dass seine Skulpturen nicht den Körper *darstellen*, sondern den Raum *enthüllen*, den der Körper bewohnt. Die Meditation hat ihm zudem geholfen, hinreichend ruhig und gelassen zu bleiben, während er seinen eigenen Körper für Werke wie *Untitled (for Francis)* abformte. Man stelle sich die Einsamkeit des nackten Künstlers vor, der, in Frischhaltefolie und zwei Schichten Gips und Jutestoff eingewickelt, durch Strohhalme atmet.

15

VORARLBERG, ÖSTERREICH; DEZEMBER 2016

Es ist 21 Uhr an einem dunklen, kalten Abend im Dezember. Vierzehn Männer und Frauen sitzen in einem Medizinkreis. Salvador, unser Schamane, muss um die vierzig sein. Er hat kurzes schwarzes Haar und Ansätze eines Schnauzers und Bartes. Er trägt ein schlichtes weißes Baumwollhemd und Hosen. Das geräumige Mansardenzimmer, in dem wir sitzen, wird von Kerzenschein beleuchtet. Wir können das beharrliche Rauschen des Bergbachs hören, der neben dem Bauernhaus fließt. Wir sitzen alle auf Bettzeug irgendeiner Art: Schlafsäcken, Yogamatten, Schaffellen, Luftmatratzen, Decken. Auf dem Boden liegen neben jeder Person eine Rolle Papiertücher, ein paar biologisch abbaubare Plastiktüten und eine Wasserflasche.

Wir beginnen damit, die Gründe für unser Hiersein darzulegen. Ich erzähle Salvador und den anderen das Gleiche, was ich Don Toño oberhalb von Tepoztlán erzählt habe: Ich sehe diese Zeremonie als eine Möglichkeit, eine Bilanz meines Lebens zu ziehen. Ich möchte meine prägenden Erfahrungen mit Psychedelika nochmals durchdenken, aber in einem sakralisierten Rahmen, unter Verwendung traditioneller pflanzlicher Medizin. Ich möchte auf meinen Erfahrungen mit Peyote in Mexiko aufbauen, um weiter zu untersuchen, auf welche Weise diese Medizin in der heutigen Welt eine Rolle spielen kann oder auch nicht.

In der Küche hat Salvador die Zutaten des Ayahuasca aus der Rebe *Banisteriopsis caapi* und den Blättern der Pflanze *Psychotria viridis* ausgekocht. Das daraus entstandene Gebräu ist eine schwarze Flüssigkeit, die er in eine große Plastikwasserflasche abgefüllt hat. Wir werden aufgefordert, nacheinander zu ihm zu kommen. Ich kniee mich auf den Boden und nehme mit beiden Händen das halbe Glas Ayahuasca, das er mir reicht. Es hat einen unmittelbar vertrauten Geschmack, den ich nicht identifizieren kann. Lakritze vielleicht. Und es ist nicht so unangenehm, wie ich befürchtet hatte. Nichtsdestotrotz esse ich ein Stück kandierten Ingwer, um den Geschmack zu überdecken, und trinke etwas Wasser.

Ich sitze mit verschränkten Beinen und geschlossenen Augen. Nach ungefähr zwanzig Minuten spüre ich in meinem gesamten Körper eine dumpfe, summende Empfindung anschwellen. Das ist weder angenehm noch unangenehm und vollkommen körperlich. Es hat keinen Einfluss auf meinen Geisteszustand, der weiterhin unvoreingenommen, neugierig und etwas beklommen ist. Es dauert nicht lange, bis sich komplizierte schlangenförmige Muster in leuchtenden elektrischen Farben hinter meinen geschlossenen Augenlidern weben. Ich blicke in ihre Wirbel, die sich scheinbar ewig fortsetzen. Ich mag es nicht, aufdringlichen geistigen Inhalten ausgesetzt zu sein, über die ich keine Kontrolle habe.

Ich verspüre Hitzewallungen und beginne zu schwitzen. Ich will mich übergeben. Ich nehme mir eine der Plastiktüten und halte sie an meinen Mund. Ich würge drei- oder viermal heftig, ohne etwas auszuspucken. Dann schaffe ich es, mich zu erbrechen, und fühle mich schnell besser. Diese Reinigung scheint die wirbelnden visuellen Effekte zu beseitigen und lässt mich in einen intensiv klaren und gesammelten Zustand der Kontemplation eintauchen. Jetzt bin ich nicht länger ein passiver Beobachter dessen, was geschieht, sondern ein verzückter Teilnehmer. Ich verliere den Überblick darüber, wie oft ich mich in jener Nacht erbrochen habe. Vier? Fünf? Sechs Mal? Irgendwann muss ich auch mein Gedärm in einer spritzenden Explosion von Blähungen und Durchfall entleeren. Die Muskeln in meinen Flanken schmerzen vom Würgen. Der letzte Schub ist eine Tortur. Ich würge und würge, bis ich zwei geballte Ladungen fader Flüssigkeit in einer schleimigen Konsistenz ausspucke. Danach erbreche ich mich nicht mehr und komme in einem ekstatischen Mit-mir-Alleinsein zur Ruhe. Ich zittere vor Kälte und, um mich warm zu halten, rolle ich mich unter meinem Schlafsack zusammen.

Mit dem Gesicht gegen das Kissen gelehnt, schaue ich mit weit offenen Augen aus Bodenhöhe gleichmütig auf die

Szenerie. Die meisten Teilnehmenden liegen genauso reglos da wie ich. Ich lausche meinem inneren Monolog, der die ermüdende Geschichte »jenes klugen Arschlochs, das Bücher schreibt« wiederholt. Ich wiederhole diesen Satz für mich, kichere leise. Früher habe ich »Arschloch« als ein Schimpfwort angesehen. Aber es ist nur die zutreffende Beschreibung eines mittelgroßen sozialen Tiers, das überlebt, indem es Dinge in sich aufnimmt und ausscheidet. Ich denke: Wie wundervoll wäre es für meinen *Doppelgänger*, zu verschwinden und genau *dies* zu hinterlassen.

Salvador singt auf Spanisch und begleitet sich auf der Gitarre. Die Musik zieht mich in ihren Bann, lotst mich durch verwinkelte Schluchten, durch die ich wie ein Vogel gleite. Seine Stimme weckt mich aus meiner Trance und ich richte mich belebt auf. In unregelmäßigen Abständen wird das Lied von einer Person unterbrochen, die würgt, gefolgt von Klatschen, Lachen und Jubeln. Wir stehen und wiegen uns zur Musik und gehen eine unausgesprochene Verbindung ein. Einige Paare umarmen sich einfach. Niemand redet. Der Gesang des Schamanen füllt die Stille zwischen uns.

Um halb neun gibt es ein leichtes Frühstück mit Kräutertee, Rosinen, Nüssen und Apfelstücken. Dann verbringen wir eine Stunde damit, mit Buntstiften zu malen. Ich schreibe das Pali-Wort *Viveka* (Abgeschiedenheit) in lateinischer Schrift auf ein Blatt Papier. Sorgfältig den Konturen der Buchstaben folgend, zeichne ich konzentrische Linien in verschiedenen Farben um Viveka, bis das Wort einen mehrschichtigen Heiligenschein ausstrahlt.

16

Der chinesische Zen-Lehrer Mazu Daoyi aus dem 8. Jahrhundert sagte einmal:

Ihr alle solltet erkennen, dass euer eigener Geist Buddha ist. Dieser Geist ist Buddhas Geist. Ihr, die ihr die Wahrheit sucht, solltet erkennen, dass es nichts zu suchen gibt. Es gibt keinen Buddha außer dem Geist, keinen Geist außer dem Buddha.

Mazus Standpunkt ist einfach. Er sagt, dass das, was auch immer du in der Meditation erreichen willst, bereits direkt hier vor deinen Augen liegt. Sobald du Worte wie »Buddha« oder »Erleuchtung« oder »Wahrheit« benutzt, neigst du dazu, dir etwas fernab der Situation, in der du dich befindest, vorzustellen. Mazu erklärt uns, dass diese Dinge immer nur inmitten dessen zu finden sind, was es bedeutet, in diesem Moment Mensch zu sein. Sie sind nirgendwo sonst. Noch, sagt er, sind sie irgendwo in einer anderen Dimension deiner Psyche versteckt. Sie sind genau hier, in der Unordnung, Verwirrung, Dunkelheit und Angst eben dieses Geistes, der diese Worte liest.

Und, wie ich hinzufügen möchte, der Körper des Buddha ist nichts anderes als eben dieser Körper, der auf deinem Kissen sitzt, dessen Herz schlägt, dessen Lungen jeden Atemzug einsaugen und aushauchen, dessen Knie vom Sitzen mit verschränkten Beinen schmerzen. Hör auf damit, einen Unterschied zu machen zwischen dem, der du zu sein glaubst, und dem, den du für den Buddha hältst.

Einmal wurde Mazu gefragt: »Was ist die Bedeutung des Buddhismus?« Er entgegnete: »Was ist die Bedeutung dieses Moments?« Probier es aus und lass jede Vorstellung fallen, die du dir vom Buddha und vom Buddhismus gebildet hast. Befreie dich von allen Gedanken, die du möglicherweise über Erleuchtung hast. Sei stattdessen einfach still, achte darauf, was du im Hier und Jetzt empfindest, und lass dich hineinziehen in das Mysterium, einfach menschlich zu sein, das Rätsel, überhaupt hier zu sein.

Was ist dieses Ding, das du gerade jetzt in all seiner entblößten Verletzlichkeit, Unbeschreiblichkeit, Banalität erlebst? Was ist das? Was ist dieses Ding, das mit der Geburt in die Welt gestoßen wurde? Dieses Ding, das krank werden wird, das alt werden wird, das sterben wird. Was ist das? Lass alle Antworten auf diese Frage los, die du vom Buddhismus oder anderswo übernommen hast. Lösch all solche Gedanken aus deinem Geist.

In der Zen-Praxis geht es darum, sich mit der Frage auseinanderzusetzen, wer und was du bist. Gesteh dir zu, dir selbst ein Mysterium zu sein und nicht eine Ansammlung mehr oder minder interessanter Fakten. Die meisten Menschen erfahren so etwas in bestimmten Augenblicken ihres Lebens. Es geschieht vielleicht, wenn man in der Natur ist, durch Kunst, indem man sich verliebt, indem man philosophiert, indem man dem Tod nahekommt. In jedem Moment, in dem du dich plötzlich davon überwältigt siehst, dass du überhaupt hier bist, statt nicht hier zu sein.

Wenn du »Was ist das?« fragst, so enge den Sinn von »das« nicht nur darauf ein, was innerhalb der Grenzen deiner eigenen Haut spürbar ist. »Das« schließt die Gesamtheit dessen ein, was in diesem Moment gegenwärtig ist: was von innen heraus entsteht und was überall um dich herum vor sich geht. Man könnte sogar sagen, dass es vor der Unterscheidung zwischen selbst und anderen, dir und mir, dir und der Welt steht. Bevor ich denke, dass ich hier bin und du dort. Etwas Ursprüngliches, wie die Wahrnehmung der Welt, die ein kleines, noch weitgehend ungeprägtes Kind möglicherweise hat.

In der Zen-Praxis geht es darum, sich diesem Mysterium zu öffnen, ganz in die Verblüffung oder in das Erstaunen einzutauchen, die es hervorruft, so dass es dein Bewusstsein als Ganzes zu erfüllen beginnt, nicht nur, wenn du meditierst. Ob du mit verschränkten Beinen auf einem Kissen sitzt oder in der Küche Kartoffeln schälst, nimm wahr, wie vollkommen seltsam das alles ist. Lass dich mehr und mehr von einem Erstaunen durchdringen und es Teil deiner gefühlten Erfahrung werden, in der Welt zu sein. Das Fragen durchtränkt dein Gewahrsein. Erfahrung wird auf überraschende und rätselhafte Weise lebendig.

Ich bin gänzlich unfähig, das, was ich gerade erlebe, in Worte zu fassen. Ich weiß nicht, was in aller Welt hier vor sich geht. Die Praxis von »Was ist das?« konfrontiert dich mit dem, was Philosophen die bloße »Faktizität« deiner Existenz nennen. Es ist die unausweichliche Realität dessen, wie es ist, »ich« zu sein, was anscheinend unmöglich zu artikulieren oder zu definieren ist.

Dies ist ein verleiblichtes Erforschen. Wenn du zum ersten Mal in der Meditation »Was ist das?« fragst, mag die Frage wenig Einfluss darauf haben, wie du dich in deinem Körper fühlst. Sie erscheint vielleicht lediglich als eine seltsame geistige Übung. Sie mag dich innerlich überhaupt nicht berühren. Aber im Laufe der Zeit, während du in ein ruhigeres, klareres Gewahrsein eintauchst, beginnt diese Verblüffung, dieses Erstaunen, in deinen Nerven, deinem Fleisch, deinen Knochen und deiner Haut mitzuschwingen und widerzuhallen.

Erwarte nicht, dass irgendetwas passiert. Warte einfach. Dieses Warten ist eine tiefe Akzeptanz des Augenblicks als solchen. Nietzsche nannte es *Amor fati* – bedingungslose Liebe zu dem Schicksal, das dich dazu gebracht hat, hier zu sein. Du erreichst einen Punkt, an dem du nur dasitzt und fragst: »Was ist das?« – aber ohne Interesse an einer Antwort. Die Sehnsucht nach einer Antwort beeinträchtigt die Wirkmächtigkeit der Frage. Kannst du dich damit zufriedengeben, in diesem Rätsel, diesem Staunen, in einer tief fokussierten und verleiblichten Weise zu ruhen? Einfach nur abwarten ohne jegliche Erwartungen?

Stell die Frage »Was ist das?«, dann öffne dich vollständig dem, was du in der darauffolgenden Stille »hörst«. Sei dieser Frage gegenüber genauso offen, wie du ein Musikstück hören würdest. Zolle dieser Polyphonie der Vögel und des Windes draußen, der Flugzeuge, die gelegentlich am Himmel fliegen, des Prasselns von Regen auf einem Fenstersims deine volle Aufmerksamkeit. Hör sorgfältig zu und nimm wahr, wie das Zuhören nicht nur den Geist öffnet, sondern auch das Herz und eine grundlegende Anteilnahme an der und Fürsorge für die Welt freilegt – die Quelle dessen, was wir Mitgefühl oder Liebe nennen.

17

Am Montag, den 5. Februar 2001, setzte ein Patrouillenboot der chilenischen Marine Robert Kull und ein Kätzchen auf einer winzigen, unbewohnten, regen- und windgepeitschten Insel vor der Südspitze Patagoniens ab. Nachdem seine Baumaterialien und Vorratskisten am Strand abgeladen worden waren, legte das Boot wieder ab. Es wurde dunkel. Bob schleppte etwas Bau- und Sperrholz auf eine Anhöhe, baute einen Unterbau für sein Zelt, setzte das Kätzchen in einen Pappkarton und legte sich zum Schlafen nieder. Mit 54 wollte er hier ein Jahr allein verbringen. Die nächstgelegene menschliche Siedlung war Puerto Natales in knapp hundert Kilometern Entfernung, hinter unpassierbaren Bergen und Fjorden gelegen.

Bob hatte bereits zuvor allein in der Wildnis gelebt. Mit Ende zwanzig hatte er seinen Beruf als Holzfäller an den Nagel gehängt, ein Kanu gekauft und war für drei Monate in der kanadischen Wildnis gepaddelt. »Tiefe Abgeschiedenheit«, schrieb er später, »ist seltsam und machtvoll und kann oft furchterregend sein. Ich habe dort draußen im Norden von British Columbia beinahe den Verstand verloren. Ohne andere Menschen, die mir halfen, mir meine Identität zu bewahren, begann die äußere Fassade autonomer Selbstgenügsamkeit zu bröckeln.« Diese existenzielle Kernschmelze löste eine ekstatische Erfahrung mystischer Verbundenheit mit der Natur aus, die mehrere Wochen andauerte. Damals hatte er entschieden, dass er eines Tages ein Jahr mit sich allein in der Natur verbringen würde.

Die Insel, auf der sich Bob nun befand, war so weit abgelegen von anderen Menschen wie nur möglich. Von seiner Hütte aus blickte er auf nichts als Sand, Ozean, Felsen, Bäume, Wolken, Berge und Gletscher. Nie fuhr ein Boot vorbei. Keine Fischer, Jäger, Rucksacktouristen würden ihn stören. Abgesehen von einem Regierungsbeamten, der einmal nach ihm sah, hätte er ebenso gut auf dem Mond sein können.

Bob dokumentierte sein Experiment radikalen Alleinseins in einem Tagebuch. Er räumte bald ein, dass »das tägliche Schreiben sich wie ein Unterbrechen der Einsamkeit anfühlt«.

> Die Stimme der Einsamkeit muss in gewissem Sinne schweigen. Sobald der Einsiedler zu sprechen beginnt, und sei es über den Weg des Schreibens an einen vorgestellten Leser, ist er (oder sie) nicht mehr länger wirklich allein.

Das Problem ist nicht so sehr das Schreiben, »sondern das diesem vorausgehende Nachdenken darüber, was ich schreiben werde. Wenn ich das tue, bin ich nicht wirklich hier in der Einsamkeit, sondern in einer vorgestellten Zukunft, in der jemand anders meine Beschreibungen liest.« Aber wann immer er in Betracht zieht, nicht zu schreiben, wird er »von einer Welle der Isolation und schmerzender Vereinsamung getroffen«.

Das Tagebuch berichtet vom Bau und der Instandhaltung seiner Hütte, den wiederholten Problemen mit einem Windgenerator, Solarkollektoren, einem Holzofen und Außenbordmotoren, Sorgen um frisches Wasser, Feuerholz, Bremsen und Schulterschmerzen, dem Beobachten von Kondoren, Adlern, Enten, Delfinen, Robben und Napfschnecken, enthält Anmerkungen zu Büchern, die er liest, und erzählt viel vom Fischen.

Im Laufe der Zeit nehmen das Meer, die Landschaft und das Wetter vielschichtige, wechselnde Stimmungen an und das Kätzchen wird als Cat anthropomorphisiert. Bob richtet sich in einer Routine bestehend aus Meditation, philosophischer Selbstbeobachtung, dem Schreiben von Gedichten und Fotografieren ein. Nach sechs Wochen konnte er schreiben: »Ich habe gestern zum ersten Mal Kondensstreifen von Düsenflugzeugen ganz weit weg über den Bergen gesehen, aber dies schien mich nicht zu berühren. Ich habe kein Gefühl von besonderer Einsamkeit. Ich bin einfach hier. Und hier lebe ich jetzt.«

Bob ist Teil einer unsteten Grenzkultur. Er scheint in der ungebundenen amerikanischen Spiritualität zuhause zu sein, die auf Emerson und Thoreau, William James und Walt Whitman zurückgeht. Seine Inspirationen bezieht er aus dem *I Ging*, von Zhuangzi, von Rumi, Thomas Merton, Jiddu Krishnamurti, Alan Watts, Ken Wilber, Joseph Goldstein, Mary Oliver und Mihaly Csikszentmihalyi. Er sucht aufrichtig nach einer psychisch-geistigen Erfüllung, die das Ego irgendwie aufhebt. »Um vollkommen menschlich zu sein«, schreibt er, »brauchen wir nicht nur Beziehungen zu anderen Menschen, sondern auch zur nicht-menschlichen Welt, zu unseren eigenen inneren Tiefen – und zu etwas Größerem. Für mich ist die immaterielle Gegenwärtigkeit geheimnisvoll und heilig. Sie kann erlebt, aber nicht definiert werden.« Seine Worte zeugen von einer Sehnsucht, im Mit-sich-Alleinsein zu einer lebendigen Verbindung mit etwas zurückzufinden, das früher Gott genannt wurde.

Er zitiert eine Passage aus einem Buch von Thomas Merton, einem Trappistenmönch: »Das gesamte Leben eines Einsiedlers ist ein Leben der stillen Anbetung. Seine Abgeschiedenheit hält ihn immerwährend in der Gegenwart Gottes. Sein ganzer Tag, in der Stille seiner Zelle oder in seinem Garten mit Blick auf den Wald, ist eine fortwährende Kommunion.« Bob ist nicht überzeugt. »Das wurde von einem Mann geschrieben, der entweder seine Gedanken nicht ganz beisammen hatte oder die Öffentlichkeit verscheißerte«, bemerkte er. In Bobs ausgesprochen umfangreicher Lektüre »findet Mertons Behauptung nirgends Unterstützung«.

> Ganz im Gegenteil. Der Geist und das Herz sind überall, angefangen vom Belanglosesten, Alltäglichsten und Schlechtesten, bis hin zum Freudvollsten, Friedlichsten und Heiligsten. Mit sich allein sein ist wie das übrige Leben, lediglich mit weniger Möglichkeiten, in die Ablenkung zu entfliehen.

Im Mit-sich-Alleinsein liegt etwas Banales und Alltägliches. Auch in Gesellschaft verbringen wir einen Großteil unserer Zeit allein, ganz in Anspruch genommen von unseren Gedanken und Gefühlen, in stiller Unterredung mit uns selbst. Ob wir nun in Manhattan oder am Ende der Welt leben, so sind wir.

Als ich Bobs Tagebuch erneut lese und die Fotogalerie auf seiner Website studiere, beginnt mich ein Bild von ihm als dem letzten Menschen auf Erden zu verfolgen. Ja, in der Wildnis liegt große Schönheit und Freude, aber nur wenn man weiß, dass dies mit anderen geteilt werden kann. Wäre Bob der einzige Überlebende einer globalen Katastrophe, vermute ich, dass sein Mit-sich-Alleinsein in Patagonien ein unerträgliches, sinnentleertes Einsamsein wäre. Bob mag physisch von der Menschheit abgeschnitten gewesen sein, aber er hatte immer noch E-Mail-Kontakt. Er benutzte ihn, um seinen Freunden einmal monatlich ein kodiertes Lebenszeichen zu senden und um technische Unterstützung für seine beschädigten Außenbordmotoren zu erhalten. Seine Freunde rangen ihrerseits mit sich, ob sie ihm von den Anschlägen des 11. Septembers in New York berichten sollten. (Sie entschieden sich, es nicht zu tun.) Diese unsichtbare Nabelschnur verband ihn unwiderruflich mit der menschlichen Gemeinschaft.

»Vielleicht war der nützlichste Aspekt meines Jahres allein in der Wildnis,« schrieb er einige Jahre später, im Jahr 2017, »zu akzeptieren, dass meine innere Welt ihre eigenen inhärenten Wettermuster hat, genauso wie die äußere Welt. Die Erkenntnis, dass ich keine Kontrolle habe und dass graue Tage nicht bedeuten, ich hätte etwas falsch gemacht. Dass all die Höhen und Tiefen, Licht und Schatten Teil dessen sind, wer ich bin; wer wir sind.«

18

Jemand, der keine Einwände gegen Dinge hat,
sieht, was ist, vor seinen Augen, ist offen fürs Gesagte,
handelt im Einklang, mit dem, was er spürt.
Wer soll ihn hier beurteilen? Nach welchem Maß?
VIER ACHTER, 3:6

1554 befahl König Heinrich II. einer Flotte, eine Siedlung für französische Protestanten in Brasilien zu gründen, einem Land, das von Portugal im ersten Jahr des Jahrhunderts entdeckt worden war und für sich beansprucht wurde. Am 10. November 1555 landeten die Franzosen auf einer Insel in der Guanabara-Bucht und machten sich daran, eine Festung zu errichten. Diese sollte als Basis für eine Kolonie mit dem Namen »Französische Antarktis« dienen. Fünf Jahre später wurden sie von den Portugiesen vertrieben. Nach der Rückkehr nach Frankreich trat einer von ihnen – möglicherweise ein Matrose aus Bordeaux – eine Stellung auf dem Anwesen von Michel de Montaigne an.

Montaigne beschreibt ihn als »einen einfachen und groben Mann – gute Eigenschaften, um die Wahrheit zu sagen«. Er erfährt von ihm, dass Krankheiten bei der brasilianischen Bevölkerung selten sind und man niemals eine Person »zitternd, matt, zahnlos oder vom Alter gebeugt« sieht. Die Indianer führen ihre gute Gesundheit und Langlebigkeit auf die Gelassenheit und Ruhe der Luft zurück. Montaigne denkt, dass es mit der »Ruhe und Gelassenheit ihrer Seelen zu tun hat«. Diese Menschen sind nur in Bezug darauf »barbarisch«, dass sie »wenig durch den menschlichen Intellekt beeinflusst wurden und ihrer ursprünglichen Einfachheit immer noch sehr nahe sind«.

Montaigne stellt sich vor, Platon zu erzählen, dass »dies eine Nation ohne Handel jeglicher Art ist, ohne Kenntnis der Schrift, ohne Zahlenverständnis, ohne Vorstellung von Richtern oder politischem Rang, ohne Inanspruchnahme von Domestiken, ohne Reichtum oder Armut, ohne Verträge, ohne Erbschaften, ohne güterrechtliche Auseinandersetzungen; es gibt nur geruhsame Tätigkeiten, keine Rücksichtnahme auf jedwede verwandtschaftlichen Verhältnisse, abgesehen von gegenseitigem Respekt füreinander, keine Kleidervorschriften, keine Landwirtschaft, keine Metalle, kein Genuss von Wein oder Korn. Wie weit entfernt von solcher Vollkommenheit würde Platon die Republik finden, die er sich ausgemalt hat.«

Er schildert hier einen Garten Eden, der von Menschen bewohnt wird, die Seneca als »frische Abkömmlinge der

Götter« bezeichnet. Sie genießen ganz natürlich die Leichtigkeit und Muße, die Montaigne an seinem Mit-sich-Alleinsein schätzt. Diese unbekleideten Indianer sind ohne die uns plagenden Vermessenheiten und Meinungen. Montaigne sehnt sich nach solcher Unschuld: »Ich will gesehen werden«, sagt er, »in meiner einfachen, natürlichen und gewöhnlichen Erscheinung, ungezwungen und ohne Künstelei ... Hätte ich mich unter jenen Völkern befunden, von denen man sagt, sie lebten immer noch in der süßen Freiheit der frühesten Naturgesetze, kann ich versichern, dass ich mich selbst allzu bereitwillig in Gänze und vollkommen nackt dargestellt hätte.«

Montaignes Bewunderung für die natürliche Intelligenz von Hunden, Katzen und Pferden, sein Respekt gegenüber der angeborenen Weisheit der Bauern und seine Liebe fürs Nacktbaden mit Fremden in den Heilquellen finden durch das, was er über diese Indianer erfährt, ihre Bestätigung. Er sammelt ihre Artefakte. »An verschiedenen Orten, unter anderem auch in meinem eigenen Zuhause, kann man die Machart ihrer Betten und ihrer Seilarbeiten sehen und ebenso ihre hölzernen Schwerter und die hölzernen Armbänder, mit denen sie ihre Handgelenke im Kampf schützen, und die langen, an einem Ende offenen Stöcke, deren Klang ihnen bei ihren Tänzen den Takt schlägt.« Er verkostet ihr Hauptnahrungsmittel, das an »Korianderkuchen« erinnert. Es ist »süßlich und eher fad«.

Die allgemeine Neugier auf diese unbekannten Menschen war so groß, dass einige von ihnen nach Frankreich verschifft und im Land herumgezeigt wurden. Als Teil der königlichen Armee, die 1562 Rouen von den Protestanten zurückeroberte, hatte Montaigne die Gelegenheit, drei Indianer zu treffen, die sich damals in der Stadt aufhielten. Er befragte sie zu ihren Eindrücken von Frankreich. Einer von ihnen erklärte, dass sie in ihrer Sprache alle Menschen »Hälften« voneinander nennen. Hier hingegen sähen sie »Menschen, die mit allen möglichen guten Dingen gefüllt und vollgefressen waren, während ihre Hälften Bettler an ihren Türen waren, ausgezehrt von Hunger und Armut«. Sie fanden es verwunderlich, dass »jene mittellosen Hälften solche Ungerechtigkeit hinnahmen und nicht die anderen an der Gurgel packten oder ihre Häuser in Brand steckten«.

Als Montaigne von den spanischen Eroberungen Mexikos und Perus erfährt, ist er entsetzt über die »Betrügerei und Taschenspielertricks«, die Brutalität und ungezügelte Gier der Konquistadoren. »Es war eine kindliche Welt«, sagt er, »und wir haben sie gegeißelt, um sie unseren Lehren und unserer Ordnung zu unterwerfen.« Ungebeten durchbrachen die Spanier die Abgeschiedenheit und zerstörten sie. Doch die Art und Weise, wie sich diese Menschen in Verhandlungen verhielten, zeigte, dass sie »uns in ihrer natürlichen Geistesklarheit und ihrem Gerechtigkeitssinn in nichts nachstehen«. Was »Frömmigkeit, Einhaltung der Gesetze, Güte, Großzügigkeit, Loyalität und Aufrichtigkeit angeht, hat es uns gute Dienste geleistet, davon nicht so viel zu haben wie sie. Indem sie uns in diesen Tugenden übertrafen, haben sie sich selbst ruiniert, verkauft und verraten.«

Als Montaigne von der Großartigkeit der Städte Cuzco und Mexiko liest, von der bedeutenden Fernstraße von Quito nach Cuzco, der herausragenden Kunstfertigkeit bei der

Bearbeitung von Edelsteinen und in der Malerei, verurteilt er die Zerstörung jener Zivilisationen. »So viele Städte, die dem Erdboden gleichgemacht wurden, so viele Staaten, die vernichtet wurden, so viele Millionen von Menschen, die mit dem Schwert getötet wurden, der schönste und reichste Teil der Welt wurde auf den Kopf gestellt: alles um des Handels mit Perlen und Pfeffer willen.« Es schockiert ihn, wie die Spanier »nicht einfach nur diese Taten zugeben, sondern sich auch noch überall damit brüsten«. Und dieser Völkermord wurde damit gerechtfertigt, dass »der Papst, der Stellvertreter Gottes auf Erden, ihnen die Herrschaft über ganz Indien übertragen habe«.

Montaigne beschreibt ausführlich, dass der König von Peru »verurteilt wurde, öffentlich gehängt und erdrosselt zu werden, nachdem er zunächst gezwungen worden war, sich von den Qualen, bei lebendigem Leib verbrannt zu werden, durch Einwilligung zur Taufe freizukaufen«. »Oh, wieso«, fragt er sich, »fiel nicht Alexander oder jenen alten Griechen die Aufgabe zu, um daraus eine höchst edle Eroberung zu machen?« Solche Männer »hätten diese Völker behutsam geformt, jegliche Unzivilisiertheit, die dort herrschte, beseitigt, während sie die guten Samen, die die Natur in ihnen angelegt hatte, gefördert und kultiviert hätten ... Welch eine Erneuerung wäre dies gewesen, welche eine Verbesserung der Welt, wenn diese ersten Beispiele unseres dort gezeigten Verhaltens diese Völker dazu inspiriert hätten, die Tugend zu bewundern und nachzuahmen, und dies zwischen ihnen und uns eine brüderliche Gemeinschaft und Verständnis begründet hätten.«

19

Als mir der recht schlitzohrige Salvador ein weiteres halbes Glas Ayahuasca zu trinken anbietet, erschaudere ich. Mein Körper schreckt davor zurück, etwas zu konsumieren, das ihm am Vorabend überhaupt nicht bekommen war. Diesmal schmeckt die schwarze Flüssigkeit schrecklich und mir wird sofort übel. Ich esse zwei Stücke kandierten Ingwer, aber sie können den Geschmack nicht überdecken.

Bei den meisten psychoaktiven Substanzen lässt die Wirkung bei wiederholter Einnahme nach, so dass die Dosis gesteigert werden muss. Gegenüber Ayahuasca gibt es keine Toleranzentwicklung. Als das Mittel wirkt, wird mir klar, dass es genauso, wenn nicht sogar stärker wirkt als in der Nacht zuvor. Nach einmaligem Würgen verschwinden aber sowohl der Brechreiz als auch die wirbelnden visuellen Effekte. Manchmal ist mir etwas übel, aber das ist auch schon alles.

Ich trete in einen ekstatischen kontemplativen Geisteszustand ein. Ob ich mit verschränkten Beinen auf meiner Yogamatte sitze oder zusammengerollt darauf liege, aufrecht stehe oder in meinen dicken Wintersocken durch den Raum tapse, ich halte Zwiesprache mit der ergreifenden Fremdartigkeit gewöhnlicher Dinge. Ich bin hingerissen vom verständnislosen Blick in meinen eigenen Augen, als ich über mein Gesicht im Badezimmerspiegel nachdenke. Ich bin überwältigt von der vollkommenen menschlichen Schönheit. Ich starre verzückt die schlichtesten Gesten an: eine Hand auf eine Türklinke legen, ein Fenster öffnen, seufzen.

Die dröhnende Stille einer mondlosen Nacht bricht durch das Fenster herein und erfüllt den Raum mit kühler Luft. Ich starre auf eine silberne Birke, ein blasser, dünner Wachposten gegen den düsteren Wald. Eine Ewigkeit später kehre ich aus dieser Intimität mit der Natur zurück zu meinen Mitmenschen im Raum. Die Frauen sind auf eine ganz und gar nicht sexuelle Art und Weise berauschend zart und verletzlich in ihren Bewegungen und Gesichtern.

Ludwig hämmert immer wieder mit den Fäusten auf den Boden und windet sich auf seiner Matratze. Sein Leidensdruck ist entsetzlich. Ich finde das schwer zu ertragen und habe den Drang, den Raum zu verlassen. Aber niemand bewegt sich. Wir bleiben dort, halten Ludwig in unserer stillen Umarmung. Salvador singt ein Medizinlied, während er mit einer *Chacapa*, einem Wedel aus getrockneten Maisblättern, über ihm rasselt. Das Hämmern und Stöhnen nimmt zu, dann lässt es langsam nach, bis Ludwig wieder zur Ruhe kommt.

Oskar bricht auf dem Boden zusammen und entleert einen Schwall Erbrochenes und Durchfall auf sein Bettzeug. Vadik und Carsten eilen mit Handtüchern und Eimern herbei, um die Schweinerei wegzuputzen und ihn zu beruhigen. Die Kerzenlichtszene in dieser Bauernhausmansarde verwandelt sich in Caravaggios Gemälde *Die Kreuzigung des heiligen Petrus* aus dem frühen 17. Jahrhundert. Dort ist, in den harten Farbkontrasten der Helldunkelmalerei, ein verwirrter alter Mann, nackt bis auf einen Lendenschurz, an ein Kreuz geschlagen, das vom Boden hochgezogen wird. Ein Mann zerrt an einem Seil, während ein anderer mit schmutzigen Füßen darunterkriecht, um die Last mit seiner Schulter zu stemmen. Der arme Oskar, der in seinen eigenen Ausscheidungen liegt, hat in meinen Augen die gleiche numinose Bedeutung wie das Martyrium des Petrus.

Ich lege mich hin und werde in eine Meditation über das menschliche Auge hineingezogen. Ich schaue in die feine optische Struktur des Organs hinein und staune über dessen Komplexität und Schönheit. In ein Auge zu schauen bedeutet, in jemandes Auge zu schauen. Und, während dein Auge wiederum mich anschaut, fleht es still, in Emmanuel Levinas' Worten: »Verletz mich nicht.« Eine Abfolge lieber Gesichter zieht an mir vorbei: Familienmitglieder, Freundinnen, Freunde, Kollegen, Schülerinnen … Ich wünschte, sie könnten ebenfalls an dieser Zeremonie teilnehmen. Ich bin voller Liebe für jede und jeden Einzelnen von ihnen. Plötzlich schaue ich in die Augen der Ratte, die ich vergangenen Sommer in einem Drahtkäfig gefangen habe. Diese winzigen schwarzglänzenden Augäpfel rufen: »Bitte tu mir nichts zuleide.« Ich empfinde Schuld und Scham, die Ratte gefangen zu haben. Ich werde sie in einem fernen Waldgebiet freilassen, anstatt sie zu töten. Dennoch weiß ich, dass ich vielleicht eine Mutter von ihren Babys getrennt habe. Ich weiß, dass ihre Überlebenschancen außerhalb ihres eigenen Territoriums gering sein könnten. Ich will ein Leben in völliger Unschädlichkeit führen, aber ich scheitere.

20

Über Meditation (*Jhāna*)

Gotama, der Buddha

Ausgewählte Passagen aus dem Pali-Kanon

Ich sagte zu mir: »Diese schmerzhaften Entbehrungen haben nicht zu überweltlichen Zuständen, irgendwelchem Wissen oder Weitblick geführt, die einen veredelt hätten. Könnte es einen anderen Weg geben?« Dann erinnerte ich mich: »Eines Tages, als mein Vater, der Sakiyer, bei der Arbeit war, saß ich im kühlen Schatten eines Rosenapfelbaums. Losgelöst von sinnlichen Begierden oder unheilsamen Vorstellungen trat ich in die erste meditative Vertiefung ein, die begleitet wird von Nachdenken und Einkehr, von Verzückung und Wohlbefinden, aus der Abgeschiedenheit entstanden, und verweilte in ihr. Könnte das der Weg sein?«

Mich darauf zurückbesinnend, wurde mir klar: »Ja, dies ist der Weg. Warum fürchte ich ein Wohlbefinden, das nichts mit sinnlicher Begierde oder unheilsamen Vorstellungen zu tun hat? Es gibt keinen Grund, dieses Wohlbefinden zu fürchten. Dennoch ist es schwierig, es mit einem so ausgezehrten Körper zu erfahren. Warum esse ich nicht etwas feste Nahrung?« Also aß ich ein wenig gekochten Reis und Milchbrei.

Man stelle sich einen geschickten Bademeister oder seinen Gesellen vor, der Seifenpulver in eine Metallschale streut, es mit Wasser besprüht und zu einer Kugel knetet, so dass die Seifenkugel von innen und außen von Feuchtigkeit durchdrungen, durchsetzt und durchtränkt wird, ohne dass diese aussickert. So durchtränkt die Meditierende ihren Körper mit der Verzückung und dem Wohlbefinden, die aus der Abgeschiedenheit entstanden sind, so dass kein Teil ihres Körpers nicht von jener Verzückung und jenem Wohlbefinden durchdrungen ist.

Man stelle sich einen tiefen See vor, der von einer unterirdischen Quelle gespeist wird. Er hat keine Wasserzuflüsse aus östlicher, westlicher, nördlicher und südlicher Richtung und wird auch nicht durch frische Regenschauer aufgefüllt. Doch ein kühler Wasserstrom, der aus dem Inneren des Sees aufsteigt, durchzieht das gesamte Gewässer, so dass es keinen Bereich gibt, der nicht von kühlem Wasser durchzogen wird. So durchtränkt die Meditierende ihren Körper mit der Verzückung und dem Wohlbefinden, die aus der Sammlung heraus entstanden sind, so dass kein Bereich ihres Körpers nicht von jener Verzückung und jenem Wohlbefinden durchdrungen ist.

Man stelle sich Teiche mit blauen, roten oder weißen Lotosblüten vor, die geknospt haben, gewachsen sind und nie über die Oberfläche dieser Teiche hinausragen. Solche Pflanzen gedeihen unter Wasser. Von den Spitzen bis zu den Wurzeln sind sie von kühlem Wasser durchtränkt, so dass kein Teil von ihnen nicht von ihm durchtränkt ist. So lässt die Meditierende ihren Körper von Wohlbefinden frei von Verzückung durchtränken, so dass kein Teil ihres Körpers nicht von diesem Wohlbefinden durchdrungen ist.

Man stelle sich eine sitzende Person vor, die von Kopf bis Fuß mit einem weißen Tuch bedeckt ist, so dass kein Teil ihres Körpers nicht von diesem weißen Tuch berührt wird. So sitzt die Meditierende und lässt ihren Körper von einem reinen, klaren Geist erfüllen, so dass kein Teil ihres Körpers nicht von diesem reinen klaren Geist durchdrungen ist.

Man stelle sich einen feinen sechseckigen Kristall vor, poliert, glänzend, transparent, makellos, auf einen blauen, gelben, roten, weißen oder farblosen Faden aufgezogen. Eine Person mit scharfem Blick, die ihn in die Hand nimmt, wird überlegen: »Hier ist ein schöner sechseckiger Kristall, aufgezogen auf einen blauen, gelben, roten, weißen oder farblosen Faden.« Wenn ihr Geist also gesammelt ist, rein und klar, lenkt und neigt die Praktizierende ihn zu Wissen und Einsicht hin. Sie versteht: »Dies ist mein Körper, der eine physische Form hat, aus vier Elementen besteht, von Vater und Mutter geboren worden ist, durch Reis und Brühe genährt wird, unbeständig ist, zerbrechlich und vergänglich, und dies ist mein Bewusstsein, das durch ihn getragen wird und mit ihm verbunden ist.«

Genau wie die Ganga sich nach Osten neigt und strebt, so neigt sich und strebt auch eine Praktizierende, welche die vier Meditationen entfaltet und kultiviert, zum Nirvana hin.

21

Unter den Werken in Vermeers Atelier befand sich bei seinem Tod 1675 ein allegorisches Gemälde mit dem Titel *Schilderkonst* (*Die Malkunst*). Ein Maler sitzt, dem Betrachter den Rücken zugewandt, auf einem Hocker vor einer Leinwand, die auf einer Staffelei ruht. Eine junge Frau in einem blauen Satinkleid hat ein Buch an ihre Brust gedrückt und hält in ihrer rechten Hand eine Trompete und sie posiert für ihn. Er hat gerade begonnen, die blau gefärbten Blätter ihres Lorbeerkranzes zu malen. Eine Strebe der Staffelei steht auf dem wechselweise mit schwarzen und weißen Quadraten gekachelten Boden. Eine zweite Strebe der Staffelei ist oberhalb der Baskenmütze des Malers deutlich sichtbar, aber dort, wo sie neben seinem Fuß auf dem Boden zum Vorschein kommen müsste, ist nichts zu sehen. Nach den Gesetzen der Physik könnte die Staffelei eigentlich nicht stehen.

Es stört mich, dass das Wort »Kunst« auch in Begriffen wie »Kunstgriff« und »künstlich« auftaucht. Ich schätze die Kunst als einen Weg, die Wahrheit auszudrücken. Ich weigere mich, Agnes Martins' *Faraway Love* als in irgendeiner Weise künstlich anzusehen. Als ich aber die Frau im blauen Kleid in *Die Malkunst* genauer ansehe, habe ich das Gefühl, dass sie sich über *mich* lustig macht. Ihre fast geschlossenen Augenlider und das leichte Lächeln, das ihre Lippen umspielt, lassen vermuten, dass sie nichts von alldem ernst nimmt. Dies, scheint sie zu sagen, ist bloß ein Gemälde eines Gemäldes, das gerade gemalt wird, ein Versuch, etwas Wahrheitsgetreues über das Erzeugen von Illusionen zu erzählen.

Je länger ich Vermeers Gemälde betrachte, desto theatralischer werden sie für mich. Eine wohlhabende Kaufmannstochter, die eine Perlenkette anprobiert, verwandelt sich in eine Freundin des Künstlers, oder Familienmitglieder, durch extravagante Kleidungsstücke herausgeputzt, spielen Rollen in einer Scharade. Vermeer unternimmt keinen Versuch zu verbergen, was er tut. Dieselben Requisiten – Tische, Teppiche, Stühle, Kostüme und Wandbehänge – werden in einem oft identisch aussehenden Raum neu arrangiert. Während ich diese Darstellerinnen und Darsteller betrachte, erkenne ich ihre Komplizenschaft mit dem Künstler. Einige Wissenschaftler haben Vermeer in seinem frühen Gemälde *Bei der Kupplerin* als die grinsende, ausschweifende Figur, die ein Glas Wein hält, identifiziert. Dies bestärkt mich in meinem Gefühl, dass er ein Gauner, Spaßvogel, Possenreißer ist.

Jan Vermeer und Agnes Martin haben beide mit dem Rücken zur Welt gemalt. Ob umgeben von lärmenden Kindern in einem Stadthaus in Delft oder allein auf einem Plateau in der Hochwüste New Mexicos, sie folgten derselben einsamen Berufung. Beide haben auf Holzträgern befestigte, mit Farbpigmenten beschichtete Leinwände hinterlassen, die eine ikonische, wenn nicht sogar eine geradezu transzendentale Bedeutung erlangt haben. Maler und Schriftstellerinnen brauchen die Abgeschiedenheit, um ihre Vision von Kunst zu formen und zu verfeinern. Sie verbringen lange Zeit allein mit ihrer Arbeit, anonym, ignoriert, gequält von der Aussicht auf möglichen Spott oder Misserfolg. Abgeschiedenheit ist eine notwendige Voraussetzung, damit sie ihre Fantasie und ihr Kunsthandwerk entwickeln können.

Allein am Schreibtisch zu sitzen oder im Atelier zu sein ist aber nicht genug. Man muss sich von Trugbildern und inneren Kritikern befreien, die einen auf Schritt und Tritt verfolgen. »Wenn du zu arbeiten beginnst«, sagte der Komponist John Cage, »sind alle in deinem Atelier – die Vergangenheit, deine Freunde, deine Feinde, die Kunstwelt und vor allem deine eigenen Vorstellungen –, alle sind da. Aber wenn du weitermalst, beginnen sie wegzugehen, einer nach dem anderen, und du wirst schließlich allein gelassen. Alsdann, wenn du Glück hast, gehst auch du.«

Mit-sich-Alleinsein-, Abgeschiedensein-Wollen, wird als geistige Verirrung betrachtet. Eine Person, die sich von anderen Menschen fernhält, wird als »unsozial«, »Einzelgänger« oder sogar als »Misanthropin« abgestempelt. Einzelhaft wird als die schlimmste Art der Bestrafung gleich nach der Hinrichtung angesehen. »Wir wurden tüchtig gegen Abgeschiedenheit konditioniert«, bemerkte Agnes Martin. »Allein zu sein gilt als schmerzlicher und gefährlicher Zustand.« Sie ermutigt Künstlerinnen und Künstler, sich an Zeiten zu erinnern, in denen sie allein waren, und ihre Reaktionen auf das Alleinsein sorgfältig zu untersuchen. Sie empfiehlt ihnen, Möglichkeiten zu schaffen, um für sich zu sein, unnötige Gesellschaft zu vermeiden, sogar die von Katzen und Hunden. Sie legt nahe, dass diejenigen, die das Alleinsein genießen, »ernsthafte Arbeitende im Bereich der Kunst« werden könnten.

Sobald du die Tür verschlossen hast, stehst du allein vor einer Leinwand, einem Blatt Papier, einem Klumpen Ton, einem Computerbildschirm. Andere Werkzeuge und Materialien liegen herum, schnell zur Hand, nur darauf wartend, benutzt zu werden. Du nimmst deine stille Zwiesprache mit der Arbeit wieder auf. Dies ist ein wechselseitiger Prozess: Du gestaltest das Werk und dann reagierst du darauf. Das Werk kann dich inspirieren, überraschen und schockieren. Aus Martins Sicht ist es essenziell, die eigene Reaktion auf sein Werk zu verstehen, zu wissen, welche Gefühle es auslöst. Auf diese Weise »entdeckst du deine Orientierung und die Wahrheit über dich selbst«. Der einsame Akt des Erschaffens von Kunst beinhaltet einen intensiven wortlosen Dialog.

22

Im Jahr 2016 nahm ich an zwei siebentägigen *Jhāna*-Retreats bei dem amerikanischen Meditationslehrer Leigh Brasington teil: Das erste fand im August in England statt, das zweite im Dezember in Portugal. Das Wort *Jhāna* bedeutet auf Pali einfach Meditation. Zur Unterscheidung von anderen Meditationsformen wird es oft mit »Vertiefung« übersetzt. Die *Jhānas* beschreiben einen Bogen von vier Phasen der Sammlung (*Samādhi*), beginnend mit einem konzentrierten Zustand der Wonne und des Wohlbefindens, begleitet durch Reflektion und Analyse und gipfelnd in einem Zustand der Stille und des Wohlbefindens, der durch Klarheit und Gleichmut charakterisiert ist. Sie werden als Wege vorgestellt, um den Geist zu stabilisieren und zu schärfen und so einen klareren Einblick in die Natur der Dinge zu erlangen.

Nachdem Gotama die traditionellen Formen der Meditation und Askese, die zu seiner Zeit in Indien üblich waren, verworfen hatte, erinnerte er sich an eine Erfahrung, die er als Kind gemacht hatte. Allein unter einem Baum sitzend, hatte er sich plötzlich in einem Zustand befunden, den er das »erste *Jhāna*« nennen sollte. Seine Erinnerung an diesen ekstatischen Zustand ließ ihn das Vertrauen in seine eigene unschuldige Intuition wiedererlangen, statt sich auf die Autorität von Meditationslehrern zu verlassen oder auf etablierte Askesepraktiken. »Ja«, sagte er zu sich selbst, »das ist der Weg.« Er erkannte, dass es nichts Falsches an solch einer Glückseligkeit gab, die ganz aus seinem Inneren heraus entstanden war. Also nahm er die Praxis der *Jhānas* wieder auf, bis er das Erwachen erreichte.

In Anbetracht der zentralen Bedeutung dieser Episode in der Lebensgeschichte des Buddha ist es merkwürdig, wie wenige buddhistische Lehrende ihre Schülerinnen und Schüler zum Praktizieren der *Jhānas* ermutigen. Einige raten ihnen sogar, die *Jhānas* wegen der Gefahr, gegenüber den mit ihnen verbundenen angenehmen Gefühlen Anhaftung zu entwickeln, zu meiden. Andere stellen sie als derart fortgeschrittene und subtile Geisteszustände dar, dass sie, abgesehen für Experten, praktisch für alle unerreichbar seien. In meiner eigenen Ausbildung wurde mir nicht ein einziges Mal empfohlen, die *Jhānas* zu praktizieren. Diese althergebrachte Zurückhaltung schreckte die in Deutschland geborene Nonne Ayya Khema (1923–1997) nicht ab. Sie entdeckte sie für sich wieder und lehrte sie dann auch ihren Schülerinnen und Schülern, zu denen auch der selbsternannte »Ex-Hippie-Computerprogrammierer« Leigh Brasington zählte.

Leighs Anleitungen, um in die *Jhānas* einzutreten, sind einfach. Man beginnt damit, sich auf den Atem zu konzentrieren, genau wie bei der Achtsamkeitspraxis. Dann wendet man seine Aufmerksamkeit den Empfindungen auf der Oberlippe zu, die durch das Vorbeiströmen des Ein- und Ausatems hervorgerufen werden. Mit der Zeit verschmelzen diese Empfindungen zu etwas, das sich wie ein stabiler fester Punkt anfühlt. Sobald man seine Aufmerksamkeit auf diesen Punkt für mehrere Minuten aufrechterhalten kann, lächelt man sich sanft zu und verlagert sein Hauptaugenmerk auf das angenehme, das Lächeln begleitende Gefühl. Wenn man bei diesem angenehmen Gefühl auf eine entspannte und unbefangene Art und Weise verweilt, dann, so drückt es Leigh aus, »wird das *Jhāna* dich finden«.

Kaum dass ich begann, Leighs Anleitungen am ersten Tag des Retreats zu folgen, trat ich in einen ruhigen, stabilen meditativen Zustand ein. In der ersten Nacht lag ich in vollkommener, meinen Körper durchdringender Zufriedenheit wach da. Im Laufe des nächsten Tages führte mich die Praxis zu tiefer, ruhiger Kontemplation der tragischen und vergänglichen Natur meines Lebens, die ernüchternd und zugleich ergreifend war. Ich verspürte wenig Ablenkung beim Sitzen, aber auch keine Verzückung. Die angenehmen, sogar glückseligen Gefühle, die meinen Körper/Geist durchdrangen, waren ausgeprägter, wenn ich nach der Sitzmeditation draußen spazieren ging, einen Tee trank oder mich hinlegte, als während der Sitzperioden.

Sāmadhi-Praxis, so erkannte ich, ist wie ein sanftes Bremsen und Anhalten, was eine ganz neue, auf stiller fokussierter, körperlicher Freude basierende Perspektive auf das Leben eröffnet.

Am vierten Tag hielt Leigh um 11 Uhr morgens einen Vortrag über die Tonalität von Gefühlen. Ich saß auf einem Stuhl und hörte höflich zu. Dann bemerkte ich, wie Empfindungen mitten in meiner Brust aufwallten und sich als ekstatischer Energiefluss auszudehnen begannen. Ich wurde vollständig darin eingewoben, manchmal in Wellen, so dass ich mich immer wieder vorneigen und mich hin- und herwiegen musste. Es dämmerte mir, dass dies wohl Verzückung sein musste.

Für gewöhnliche Konzentration muss ich meine Aufmerksamkeit auf das Objekt gerichtet halten, aber nun war es die Verzückung mitten in meiner Brust, die aber gleichzeitig auch meinen ganzen Körper erfüllte, die meine Aufmerksamkeit aufrechterhielt. Ich brauchte gar nichts zu tun. Gleichzeitig war ich mir all der anderen Dinge, die um mich herum geschahen, vollständig bewusst. Dies setzte sich ununterbrochen fort bis zum Gong um halb eins und dauerte auch während des Mittagessens an. Danach ging ich in mein Zimmer, um mich hinzulegen. Auf dem Rücken liegend, nahm ich einige tiefe Atemzüge, wie Leigh geraten hatte, und entspannte mich, was dazu führte, dass die Verzückung nachließ und mich in einer erfüllenden heiteren Zufriedenheit zurückließ, die auch den gesamten Körper durchzog.

Ich ging nach draußen, um im Weiler West Ogwell spazieren zu gehen, still und glückselig all dessen gewahr, was mir begegnete. Als ich an einem kleinen Landhaus vorbeikam, bemerkte ich einen Hund im Hof und ging näher heran, um ihn durch die Gitterstäbe des Tors zu streicheln. Als ich seinen traurigen Blick erhaschte, überwältigte mich aus der Mitte meiner Brust eine Welle der Verzückung, durchmischt von Mitgefühl und Liebe, die mich nach Luft schnappen und mich fast mein Gleichgewicht verlieren ließ. Ich stolperte über einen Baumstamm, auf den ich mich dann setzte, um mich zu sammeln. Die Verzückung war nicht so anhaltend wie am Morgen, sondern setzte sich als eine körperliche Gegenwärtigkeit fort, die mir erhalten blieb, während ich langsam weiterging. Aber sobald ich wieder in die Halle zurückkehrte und in Meditation saß, verschwand sie.

Wenn dies ein *Jhāna* ist, dann handelt es sich dabei nicht (wie ich bis dahin angenommen hatte) einfach um eine Intensivierung der Konzentration, wie man sie während der Vipassanā- oder Zen-Meditation entwickelt. Es hat eine gänzlich andere Qualität. Es verschiebt vollkommen die eigene Körper-Geist-Perspektive. Es ist ein Geschenk. Und es ist nicht nur eine Vorstufe zu weiterführender späterer Einsicht, sondern ermöglicht eine andere Sicht – und eine Festigung – des Verständnisses, das man bereits entwickelt hat.

In jener Nacht schlief ich schlecht und am nächsten Tag kämpfte ich mit der Erwartung nach erneuter Verzückung, und die verhinderte, wie ich vermute, dass es dazu kam. Ich kann nicht leugnen, dass ich diese außergewöhnliche und ekstatische Erfahrung des Vortags in einer Weise genossen habe, die mich danach gieren ließ, sie wieder zu erleben. Um sie heraufzubeschwören, begann ich entschlossener zu lächeln, bis sich das Lächeln, vor meinem geistigen Auge, in die höhnische Grimasse eines Schädels verwandelte. Meine schlechte Laune machte es sehr schwer, irgendein Gefühl der Freude zu erzeugen – alles, was ich tat, erschien mir oberflächlich und gekünstelt.

Das zweite *Jhāna*-Retreat im Winter in Portugal war nicht so dramatisch und ereignisreich wie das erste. Es festigte meine Praxis der Sammlung, sorgte dafür, dass meine Meditation geerdeter, mehr im Körper verankert und ruhiger wurde. Ich gewöhnte mich mehr und mehr in einer Unablenkbarkeit ein, die mir erhalten blieb, was auch immer um mich herum geschah. Zeitweise wurde die Meditation sehr ruhig und ich hatte das Gefühl, als wechselte ich sozusagen den Gang, und ein »pulsierender Raum« reiner, klarer Konzentration übernahm das Steuer. Gelegentlich zog ein diffuses weißes Licht durch mein Gewahrsein. Einmal war ich überzeugt davon, knapp zwei Meter über dem Boden zu schweben. Wiederum waren die Auswirkungen der Meditation oftmals außerhalb der formalen Sitzmeditation deutlicher wahrnehmbar. Wenn ich langsam durch die das Retreat-Zentrum umgebenden Obsthaine wanderte, ruhte ich in einer weiträumigen Geistesklarheit, die greifbarer war als irgendeiner der Gedanken und Gefühle, die darin auftauchten.

In der klassischen Definition wird das erste *Jhāna* beschrieben als »aus der Abgeschiedenheit entstanden«. Den Geist zu schulen, in anhaltender Sammlung zu verweilen, erfordert ganz klar, sich von den Ablenkungen und Zwängen des täglichen Lebens zurückzuziehen. Aber dies ist nicht genug. Die Abgeschiedenheit, aus der das erste *Jhāna* entsteht, ist in erster Linie ein Geisteszustand. Dieses innere Mit-sich-Alleinsein ist durch die Freude, die Leichtigkeit und die Freiheit gekennzeichnet, die daraus erwachsen, nicht mehr länger die Marionette der eigenen Begierden, Abneigungen, niedriger und hoher Energiepegel, der eigenen Zweifel und Ängste zu sein. Die *Jhānas* sind daher eine natürliche Folge der Selbstbefreiung aus den Gewohnheitsmustern und Stimmungsschwankungen, die uns immer wieder heimsuchen.

In einem seiner Vorträge zitierte Leigh den buddhistischen Philosophen Nāgārjuna, der gesagt hat:

> Es gibt kein Gehen ohne Gehenden
> und keinen Gehenden ohne Gehen.

Ebenso kann es keine Meditation ohne Meditierenden geben, kein *Jhāna* ohne einen *Jhāna*-Praktizierenden und keinen *Jhāna*-Praktizierenden ohne ein *Jhāna*. Und da jede *Jhāna*-Praktizierende eine andersgeartete Person ist, kann das *Jhāna*, das ich erlebt habe, ganz anders sein als das *Jhāna*, was du erlebst.

Ein *Jhāna* hat keine unabhängige Existenz außerhalb der Person, die es praktiziert. Es wird jeweils etwas anderes bedeuten, abhängig von der Erfahrung, Sichtweise, Glaubensvorstellung und so weiter des oder der Meditierenden. Die wechselseitig voneinander abhängige Beziehung zwischen *Jhāna* und Meditierendem wird etwas hervorbringen, das in seiner

Einzigartigkeit unvorhersehbar ist. Die Texte können uns daher nur eine grobe Anleitung, eine Faustregel bieten, »wie« das Erleben von *Jhāna* sein wird.

Verzückung und Wohlbefinden durchdringen den Körper unabhängig von äußeren Sinneseindrücken. Sie können bei jeder Person in Intensität und Ausprägung variieren. Die weithin unterschiedlichen Auffassungen darüber, was ein *Jhāna* ist, könnten einfach die unterschiedlichen Wege und Ebenen wiederspiegeln, auf denen es bei unterschiedlichen Meditierenden seinen Nachhall findet. *Jhāna*-Praxis hat es mir ermöglicht, die optimale affektive und somatische Schwingungsebene für meine kontemplative Praxis zu erkennen und mich darauf einzustimmen.

Genauso wenig sind sich aber auch die Gelehrten darüber einig, was *Jhānas* überhaupt sind. Gegen Ende des Retreats in Portugal las ich die Doktorarbeit der israelischen Wissenschaftlerin Keren Arbel über die vier *Jhānas*. Sie sagt: »Man erreicht die *Jhānas* nicht, indem man den Geist auf etwas fixiert oder sich in ein Meditationsobjekt vertieft, sondern indem man die Verankerung unheilsamer Geisteszustände löst und loslässt ... Die vier *Jhānas* sollten nicht als ein enges Feld des Gewahrseins wahrgenommen werden, das auf einen einzelnen Punkt gerichtet ist, sondern als ein ungerichtetes, weites Feld des Gewahrseins.« Für Keren sind die *Jhānas* keine tranceartigen Vertiefungen, sondern Verwirklichung und Verkörperung der Einsicht an sich.

23

Ayahuasca wird manchmal *la Purga* – die Reinigung – genannt. Es ist verlockend, das Erbrechen als bloße Nebenwirkung der Medizin zu betrachten. Wenn ich jetzt darauf zurückblicke, betrachte ich es als einen integralen und notwendigen Bestandteil der Erfahrung. An beiden Abenden folgte die Reise einem ähnlichen Verlauf: das Verdichten von Empfindungen im Körper; das Auftauchen wirbelnder farbiger Muster; das Würgen und Erbrechen; das Eintreten in eine klare, ruhige, gleichmütige Kontemplation. Dieser Bogen beginnt mit der Auflösung des Gefühls, ein wertender, furchtsamer Beobachter zu sein, gefolgt vom Eintauchen in ein sehr stark körperliches und partizipatorisches Gewahrsein für alles, was sich in dir und um dich herum entfaltet.

Ich bezweifle, dass eine psychoaktive Substanz wie Ayahuasca einzunehmen, per se Weisheit, Liebe oder Erleuchtung hervorbringt. Die Substanz verstärkt die Wertvorstellungen der Kultur oder Religion, der man bereits angehört. Auch ohne dass man sich bewusst darauf beruft, untermauern diese Wertvorstellungen die Motive für die Einnahme der Substanz und schaffen den Rahmen für die Interpretation ihrer Wirkungen. Ayahuasca ist keine Abkürzungsmethode: Es katalysiert und verdeutlicht einen Prozess, der bereits im Gange ist, möglicherweise beschleunigt es ihn auch. *Ayahuasqueros* beschreiben die Sitzungen als »Arbeit«. Die Zeremonien können herausfordernd und verstörend sein. Mehr als einmal habe ich gehört, dass die Erfahrung mit dem Neustart eines Computers verglichen wurde. Die chemische Reaktion, die zwischen den Alkaloiden und den eigenen Neurotransmittern stattfindet, ist nur einer von vielen Faktoren, die zum Gesamterlebnis beitragen.

Ob wir nun Meditation praktizieren oder an einer schamanischen Zeremonie teilnehmen, wir setzen in unseren Organismus Chemikalien frei, die unseren Bewusstseinszustand beeinflussen. Spielt es eine Rolle, ob es sich bei diesen Chemikalien um körpereigenes Dopamin, Noradrenalin oder Serotonin handelt oder um Meskalin und Dimethyltryptamin, die durch die Einnahme von Pflanzen zugeführt werden? Sobald wir die Vorstellung eines vom Körper unabhängig existierenden Geistes aufgeben, müssen wir akzeptieren, dass wir aus den gleichen Molekülen aufgebaut sind, die auch die natürliche Umwelt ausmachen. Mit der Auflösung der Aufspaltung in Körper und Geist, die die meisten Religionen (einschließlich des amazonischen Schamanismus und des Buddhismus) charakterisiert, lassen wir uns auf eine Praxis ein, die nicht länger versucht, das eigene Selbst von der physischen Welt zu trennen, sondern freudig diese Welt mit offenen Armen als Teil dessen, wer und was wir sind, annimmt.

Während meiner Rückreise mit dem Zug nach Bordeaux sind 36 Stunden nach Einnahme der letzten Dosis die Wirkungen des Heilmittels immer noch auf sanfte, aber spürbare Weise präsent. Ich fühle mich weder körperlich erschöpft noch geistig ausgelaugt. Meine Wahrnehmung der Welt und ihrer Geschöpfe ist voller einfühlsamer Neugier und einer heiteren, überschwänglichen Aufmerksamkeit. Meine im Hintergrund lauernde Angst und die lästigen Sorgen, die sie hervorruft, sind nahezu verflogen. Gleichwohl ist mir immer noch übel und ich habe noch nicht wieder so richtig Appetit auf Essen. Jedes Mal, wenn ich huste, schmerzen die Muskeln in meinen Seiten vom Würgen. Ich kann einen schwachen Säurereflux im hinteren Teil meines Halses und meiner Nasenlöcher schmecken.

Salvadors Anweisungen folgend, faste ich nach der Zeremonie noch drei Tage lang. Ich esse weniger und meide Fleisch, Käse, Wein, Zwiebeln, Knoblauch und Kaffee. Am Vortag der Beendigung des Fastens beschließe ich, keinen Alkohol mehr zu trinken. Dies ist keine ethische, sondern eine körperliche Entscheidung. Nachdem ich jahrelang an den meisten Abenden Wein getrunken habe, hat ein Glas Saint-Estèphe auf einmal keine Anziehungskraft mehr auf mich. Das Heilmittel hat mir ermöglicht, Alkohol aus einer völlig anderen Perspektive zu betrachten. Ich empfinde die Vorstellung, ihn zu konsumieren, eher verwirrend als abstoßend.

Immer wenn ich in den nächsten Tagen eine gute Flasche Wein sehe, denke ich wie zuvor: »Davon hätte ich gerne ein Glas.« Aber dieser Vorstellung folgt kein körperlicher Impuls, entsprechend zu handeln. Es tritt kein tiefsitzendes Verlangen auf. Der Gedanke löst kein Begehren mehr aus. Während der folgenden Monate verflüchtigten sich auch solche Gedanken. Ich genoss weiterhin das körperliche Gefühl, *nicht* zu trinken. Ich fühlte mich, als wäre eine kraftvolle Umklammerung gelockert worden und hätte ein inneres Schleusentor geöffnet, durch das Gefühle von Leichtigkeit, Zufriedenheit und Behaglichkeit einströmen konnten.

Ich habe mein Trinkverhalten nicht für problematisch gehalten, obwohl ich bereitwillig zugebe, dass ich mir vielleicht selbst etwas vorgemacht habe. Zu meinen Motiven, an der Zeremonie teilzunehmen, gehörte nicht der Wunsch, auf Wein zu verzichten. Von meiner diesbezüglichen Gewohnheit befreit worden zu sein gehört für mich zu den am wenigsten erwarteten Folgen der Einnahme von Ayahuasca. Ayahuasca hat innerhalb von 48 Stunden etwas erreicht, was gesundheitliche Warnhinweise der Regierung und buddhistisches Moralisieren über Jahrzehnte nicht geschafft haben. Im Juni 2019, als ich dieses Manuskript für die Veröffentlichung in eine endgültige Fassung bringe, wird mir bewusst, dass ich seit mehr als zweieinhalb Jahren keinen einzigen Tropfen Alkohol mehr getrunken habe.

24

Über den Dünkel

Michel de Montaigne

Ausgewählte Passagen aus den Essais

Ich weiß herzlich wenig darüber, was ich bin. Ich staune über die Zuversicht und das Selbstvertrauen, das die Menschen haben – während es kaum etwas gibt, das ich mit Sicherheit weiß und das ich garantiert tun könnte. ||

Ich besitze keine Checkliste meiner Fähigkeiten; ich lerne sie erst dann kennen, nachdem sie ihre Aufgaben erfüllt haben. ||

Die Philosophie spielt nie ein herrlicheres Spiel, als wenn sie unserem Dünkel und unserer Eitelkeit entgegentritt; wenn sie offen die eigene Unentschlossenheit, Schwäche und Unwissenheit anerkennt. Die übertrieben hohe Meinung, die man von sich selbst hat, ist die Nährmutter der trügerischsten Anschauungen im öffentlichen wie im privaten Leben. ||

Ich betrachte mich selbst als gewöhnlichen Durchschnittsmenschen, abgesehen von der Tatsache, dass ich mich selbst als solchen betrachte. ||

Mein Geschmack ist sensibel und schwer zufriedenzustellen: insbesondere in Hinblick auf mich selbst. Ich missbillige mich immerzu. In jeder Situation fühle ich, wie Schwäche mich abdriften und nachgeben lässt. Nichts an mir kann meinen Geschmack befriedigen. ||

Egal wie oft ich meine eigenen Schriften durchgehe, statt mich zu erfreuen, enttäuschen und irritieren sie mich. Ich trage immer eine Idee in meinem Geist, ein unscharfes Bild eines weit besseren Ausdrucks als den, den ich benutzt habe, aber wie in einem Traum kann ich sie weder greifen noch entwickeln. ||

Ich verstehe es weder, zu gefallen, zu erfreuen, noch angenehm anzuregen; die beste Erzählung der Welt verdorrt in meinen Händen und wird eintönig. Ich verstehe es nur, ernsthaft zu reden. Mir fehlt jene Fertigkeit, mit jedem Neuankömmling zu plaudern, ein Publikum in meinen Bann zu ziehen oder einen Fürsten für alle möglichen Themen zu begeistern, ohne ihn zu langweilen. ||

Ich habe einen trägen und stumpfen Verstand: ein bloßer Wolkenfetzen kann ihn ins Stocken bringen. Meine Auffassungsgabe ist langsam und verworren, aber wenn sie einmal etwas erfasst hat, hält sie es tüchtig fest, indem sie es sich vollständig, aus der Nähe und bis in die Tiefe zu eigen macht. ||

Da ich außer Stande bin, die Ereignisse zu kontrollieren, kontrolliere ich mich selbst: Ich passe mich ihnen an, wenn sie sich nicht an mich anpassen. ||

Ich mag es, wenn meine Unglücksfälle ungetrübt bleiben, jene, bei denen mich nicht weiter belastet oder beunruhigt, ob sie aus der Welt geschafft werden können, sondern die mich von vornherein direkt ins Leiden stürzen. ||

Die unterste Stufe ist die stabilste: sie ist der Sitz der Beständigkeit. Da sie ihr eigenes Fundament bildet, ruht sie ganz auf sich selbst. ||

Wahrheit ist der erste und grundlegende Teil der Tugend. Sie muss um ihrer selbst willen geliebt werden. ||

Von Natur aus weigert sich meine Seele zu lügen und hasst es, auch nur daran zu denken. Ich leide an innerer Scham und stechender Reue, wenn mir eine Lüge entfährt, wie es manchmal geschieht, wenn die Umstände mich zum Improvisieren zwingen. ||

Darum gebe ich mich der Offenheit hin: Sowohl von Natur aus als auch durch Neigung sage ich immer, was ich denke – und überlasse den Ausgang dem Schicksal. Aristippus hat gesagt, dass der wesentliche Nutzen, den er aus der Philosophie gezogen habe, darin bestand, frei und offen zu jedermann zu sprechen. ||

So verweile ich mit meinen Zweifeln und meiner Wahlfreiheit, bis die Situation mich zur Entscheidung zwingt. Dann werfe ich, ehrlich gesagt, für gewöhnlich »die Feder in den Wind«, wie man so sagt, und übergebe mich der Gnade des Schicksals: Ich lasse mich von der geringsten Laune oder dem geringsten Vorkommnis davontragen. ||

In den meisten Fällen tendiert mein Urteil so ausgewogen nach beiden Seiten, dass ich am liebsten auf eine Entscheidung durch Würfel oder Münzwurf zurückgreifen würde. ||

In meinem eigenen Verhalten mache ich wenig Gebrauch von meiner Intelligenz: Ich lasse mich bereitwillig von der üblichen Ordnung dieser Welt leiten. Glücklich sind diejenigen, die tun, was ihnen gesagt wird, statt anderen zu sagen, was sie tun sollen, die sich nicht martern mit den Ursachen der Dinge, sondern sanft dem Lauf des Himmels folgen. ||

Die Menschen schauen immer auf das, was ihnen gegenübersteht: Ich aber wende meinen Blick nach innen. Ich pflanze ihn dort ein, ich gewähre ihm dort Unterschlupf. Jeder schaut nach vorne. Aber ich schaue nach innen. Ich beschäftige mich nur mit mir selbst. Ich denke ununterbrochen über mich nach, ich ordne mich, ich schmecke mich. ||

Vielleicht liegt es an meinem unentwegten Kontakt mit den Launen der Menschen der Antike und dem Eindruck, den ich von diesen veredelten Seelen der Vergangenheit habe, dass ich sowohl von mir selbst als auch von den anderen angewidert bin. In Wahrheit leben wir in einem Zeitalter, das nichts als Mittelmäßigkeit hervorbringt. ||

Die Art von Menschen, die am wenigsten verachtenswert sind, sind diejenigen, die durch die Einfachheit ihrer Natur die niedrigste gesellschaftliche Stellung einnehmen. Sie bieten uns eine ehrlichere Begegnung. Ich finde, dass die Sitten und Ansichten der Bauern besser den Lehren wahrer Philosophie entsprechen als die unserer Philosophen.

25

GWANGYANG, SÜDKOREA, OKTOBER 2013

Schlecht vorbereitet war ich in jenem Herbst auf die Wanderung hinauf nach Baekun Am, der Einsiedelei auf dem Weißwolkenberg. Der Regen hatte am frühen Morgen als feiner Nieselregen begonnen und war nun zu einem anhaltenden, verdrießlich starken Regen geworden. Nachdem unsere Pilgergruppe den Haupttempel im Tal unten verlassen hatte, bogen wir von der Straße auf einen steilen und schmalen Pfad im Wald ab. Bald bahnten wir uns unseren Weg durch tropfendes Laub. Meine Kleidung war durchnässt und meine leichten Stadtschuhe rutschten und schmatzten beim Aufstieg. Mir war kalt und ich war genervt.

Koreaner ignorieren wie die Briten frohgemut schlechtes Wetter. Nach einigen Abbiegungen auf Pfade, die im Nichts endeten – alles Anlässe für jede Menge Heiterkeit –, kletterten wir einen steilen felsigen Pfad hinunter, der uns zu einer kleinen Einsiedelei führte. Die Wolken verzogen sich und zögerlich erhellten Flecken von Sonnenlicht die Kiefern, die unten im Nebel verschwunden waren. Baekun Am, eine baufällige Hütte mit Wellblechdach, lag auf einem steinigen Fleckchen ebenen Geländes oben an einer Schlucht und unterhalb einer schroffen Felswand aus hellem Fels. Sie war die Heimat eines unrasierten jungen Mönchs in grauem Baumwollhemd und grauen Baumwollhosen. Sein Gesicht leuchtete auf, als er uns sah. Er verschwand in seine verräucherte Küche, um Tee zu kochen.

800 Jahre zuvor, 1205, verbrachte der koreanische Zen-Meister Chinul den Herbst im Retreat in Baekun Am. Eines Tages kam ein Mönch namens Hyesim, um ihn zu besuchen. Während er »sich am Fuße des Berges, noch mehr als tausend Schritte von der Einsiedelei entfernt, ausruhte«, hörte Hyesim, wie Chinul seinen Begleiter zum Tee rief, was ihn dazu veranlasste, diese Strophe zu schreiben:

> Ich höre einen Zuruf an einen Jungen
> widerhallend durch in Nebel gehüllte Kiefern,
> das Aroma von ziehendem Tee
> weht diesen steinigen Weg hinunter.

Als er die Einsiedelei erreichte, trug Hyesim Chinul das Gedicht vor. Chinul lachte und gab Hyesim den Fächer, den er in der Hand hielt. Hyesim sprach die Verse:

Trifft man auf feurige Eile
und verrückte Taten –
ist es eine gute Idee,
sie abzukühlen.

Fünf Jahre später starb Chinul. Im Alter von 32 Jahren wurde Hyesim durch königlichen Erlass angewiesen, die »Prajñā- und Samādhi-Gemeinschaft« zu leiten, die Chinul gegründet hatte und die heute als Kloster Songgwang Sa bekannt ist.

Mit Ende zwanzig verbrachte ich fast vier Jahre in Songgwang Sa, wo ich mich unter der Anleitung von Kusan Sunim zum Zen-Mönch ausbilden ließ. Drei Monate meditierte ich jeden Sommer und drei Monate jeden Winter täglich zehn Stunden lang. Die erste Sitzung begann um 3 Uhr morgens, die letzte endete um 21 Uhr. Jede Stunde bestand aus fünfzig Minuten Sitzen mit verschränkten Beinen auf einem Kissen und zehn Minuten zügigem Gehen durch die Halle. Die einzigen Geräusche waren das mechanische Ticken einer Uhr mit Federwerk an der Wand und das periodische *Klack!* eines hölzernen *Djukpi*, das vom Leiter der Übungseinheit angeschlagen wurde.

Wenn ich meine Augen öffnete, sah ich einen Fetzen gewachstes gelb-ockerfarbenes Papier, das den Boden bedeckte, auf dem ich saß, und eine nackte weiße Wand vor mir. Da die gitterartigen Türen und Fenster allesamt mit Reispapier beklebt waren, konnte ich nicht nach draußen sehen. Etwa zehn Mönche saßen bei jeder Einheit in der Halle, aber ich war selten so vollkommen allein gewesen.

Alles, was ich zu tun hatte, war »Was ist das?« zu fragen. Mein Geist wurde bald der erfindungsreichen Antworten, die er heraufbeschwor, überdrüssig. Die Frage zu stellen war interessanter, als eine Lösung zu finden. Während ich die nackte Tatsache, am Leben zu sein, gründlich untersuchte und erforschte, fielen meine angesammelten Meinungen über das Leben und dessen Sinn von mir ab. Ich kam in einer stillen Weite von Verwirrung und Unwissenheit zur Ruhe. Fragen und Nicht-Wissen hörten auf, etwas Außergewöhnliches zu sein. Sie gingen mir in Fleisch und Blut über; sie belebten meine Sinne.

Jetzt, hier in Baekun Am, trank ich schluckweise meinen Tee aus einer leicht angeschlagenen Porzellantasse. Ich war 28 Jahre lang nicht mehr in Korea gewesen. Ich hatte zugenommen und das, was von meinem Haar noch übrig war, war weiß geworden. Keiner meiner koreanischen Freunde erkannte mich. Ich war in keinster Weise klüger in Bezug auf, was »das« ist. Ich war verwirrter denn je.

Diese Pilgerreise wurde zu Ehren des dreißigsten Todestages des 1983 verstorbenen Kusan Sunim durchgeführt. Unter der Leitung seines koreanischen Schülers Hyonho fuhren wir mit dem Bus zu den Orten, an denen unser Lehrer meditiert, gearbeitet und unterrichtet hatte. Wie Chinul hatte auch Kusan Zeit im Retreat in Baekun Am verbracht. Genau wie Hyesim hier zum ersten Mal Chinul getroffen hatte, so hatte auch Hyohno hier Kusan zum ersten Mal getroffen. Im Laufe der Tage wurde uns klar, dass wir diesen abgelegenen Berg nicht nur hinaufgewandert waren, um die Vorzüge der Abgeschiedenheit zu betrachten.

Das Kloster bereitete sich auf eine weitere Nachfolge vor. Nach dem Tod von Kusan wurde Ilgak Sunim der Zen-Meister. Nachdem Ilgak gestorben war, trat Posong Sunim seine Nachfolge an. Mittlerweile war Posong alt und gebrechlich und würde seinen Pflichten nicht mehr lange nachkommen können. Als der Zeitpunkt für die Nachfolge näher rückte, brachten sich die ranghöchsten Mitglieder der klösterlichen »Familie« diskret in eine günstige Stellung, um für das Amt ausgewählt zu werden.

Ein Team des Buddhist Television Network begleitete uns auf Schritt und Tritt. Über die Pilgerreise wurde ein zweiteiliger Dokumentarfilm gedreht, in dem wir Westler und ein Mann aus Sri Lanka eine Hauptrolle spielten. Der Kameramann, Herr Jang, und der Tontechniker, Herr Kim, filmten unseren beschwerlichen Aufstieg nach Baekun Am. Vor der Kulisse aus Wald, Feld und Himmel wurde jeder Ausländer gebeten, vor der Kamera seine Eindrücke von der Einsiedelei und seine Erinnerungen an Kusan mitzuteilen.

Abgeschiedenheit wird in religiöses Kapital umgewandelt. Rückzug von den weltlichen Angelegenheiten wird zum politischen Aktivposten. Die Strapazen der Entsagung generieren Einkommen, Macht und Ansehen. Monatelanges Meditieren in einer Zen-Halle ist schön und gut, aber Erleuchtung ist in der koreanischen Denkweise untrennbar verbunden mit abgeschiedener Praxis an Orten wie Baekun Am. Nachdem Kusan Sunim als Vorsteher der klösterlichen Angelegenheiten in der Provinz Cholla Namdo zurückgetreten war, verbrachte er drei Jahre hier, die in einem Erwachen gipfelten, das er in Versform festgehalten hat:

Tief in eine Pore Samantabhadras eindringend,
wird Mañjuśrī gefasst und bezwungen.
Nun ist die große Erde ruhig.
Es ist heiß am Tag der Winter-Tag-und-Nacht-Gleiche;
Kiefern sind von sich aus grün.
Ein Steinmann, auf einem Kranich reitend, fliegt über die blauen Berge.

26

Aldous Huxley starb am 22. November 1963 in Kalifornien, nichtsahnend, was zuvor an jenem Tag in Dallas geschehen war. Fünfzig Minuten nachdem eine Kugel John F. Kennedys Gehirn durchschlagen hatte, injizierte Huxleys Frau Laura ihrem sterbenden Mann 100 Mikrogramm LSD. Sechs Stunden später starb er ruhig und gelassen.

Huxleys Erforschung von Psychedelika begann an einem sonnigen Maimorgen im Jahr 1953, als er ein halbes Glas Wasser trank, das vier zehntel Gramm Meskalin enthielt, das psychoaktive Alkaloid des Peyote-Kaktus. Sein Essai »Die Pforten der Wahrnehmung« ist eine leidenschaftliche, mäandrierende Darstellung dessen, was als Nächstes geschah. Huxley beschreibt die Einnahme der Medizin, dann fährt er fort:

> Wir leben miteinander, wir handeln bezogen aufeinander, wir reagieren aufeinander; aber immer und unter allen Umständen sind wir allein. Die Märtyrer gehen Hand in Hand in die Arena; gekreuzigt werden sie allein. Eng umschlungen versuchen die Liebenden verzweifelt ihre voneinander isolierten Ekstasen zu einer einzigen Selbst-Transzendierung zu verschmelzen; vergeblich. Von Natur aus ist jeder verkörperte Geist dazu verdammt, in Einsamkeit zu leiden und zu genießen.

Obwohl er dieses existenzielle Alleinsein anerkannte, war Huxley davon überzeugt, dass diszipliniertes Meditieren oder die Einnahme der richtigen Chemikalie ihn »von innen heraus wissen« lassen würde, was Visionäre, Künstlerinnen und Mystiker im Laufe der Geschichte berichtet hatten.

Durch die Einnahme von Meskalin hoffte Huxley, sich aus der Enge seines neurotischen Egos zu befreien und direkt die Weisheit zu erfahren, welche die »ewige Philosophie« ausmacht, die er 1946 in seinem Buch *Die ewige Philosophie: Philosophia perennis* definierte als

> eine Metaphysik, die eine göttliche Wirklichkeit anerkennt, die für die Welt der Dinge und des Lebens und des Geistes wesenhaft ist; die Psychologie, die in der Seele etwas mit der göttlichen Wirklichkeit Vergleichbares oder sogar Identisches findet; die Ethik, die das endgültige Ende des Menschen in der Erkenntnis des immanenten und transzendenten Grunds allen Seins verortet.

Huxley war nicht enttäuscht. Er erzählt, wie er sah, »was Adam am Morgen der Schöpfung gesehen hatte – das Wunder der nackten Existenz, Augenblick für Augenblick.« Er stellte fest, dass Meskalin, in der Sprache des Dichters und Künstlers William Blake, »die Pforten der Wahrnehmung reinigte« und ermöglichte, dass alles »dem Menschen so erscheint, wie es ist, unendlich«. Wie andere vor ihm, war er verblüfft über die gänzliche Unfähigkeit der Vernunft und der Sprache, das Paradoxon der Existenz zu verstehen: »eine Vergänglichkeit, die doch ewiges Leben ist, ein unaufhörliches Vergehen, das gleichzeitig reines Sein ist.«

Als ihn ein Freund bat zu beschreiben, was er sah, antwortete er: »Die größtmögliche Annäherung daran wäre ein Vermeer.« Denn dieser »rätselhafte Künstler« erfasste aus Huxleys Sicht besser als jeder andere die erhabene Soheit gewöhnlicher Dinge. Vermeer besaß die seltene Gabe, so sagte er, »den Dharma-Körper des Buddha als die Hecke am Ende des Gartens« wahrzunehmen. Bevor er Meskalin einnahm, hatte Huxley dieses Zen-Kōan lediglich »als ein schwammig bedeutungsschweres Stück Ungereimtheit« angesehen. Jetzt, sagte er, »war es so klar wie der Tag, so unmittelbar einleuchtend wie Euklid.«

Vermeer gelingt es, das Leben in seinen entscheidenden Augenblicken festzuhalten, ohne dass dabei etwas von dessen Lebendigkeit und Großzügigkeit verloren geht. Die einfachsten Dinge – ein Nagel in einer Wand, Metallstifte auf einem Stuhl, ein schlichter weißer Vorhang im Schatten, ein Rinnsal, das eine Gasse hinunterfließt – erscheinen von einer Intensität und Bedeutung durchdrungen, die nicht von dieser Welt sind. Seine dunkelsten, sattesten Farben strahlen Leuchtkraft aus. In Huxleys Augen enthüllt Vermeer das »göttliche grundlegende Nicht-Selbst« unbelebter Objekte. Die Glasscheibe in Vermeers Wahrnehmungspforte, die den Blick auf die Dinge öffnet, sagt Huxley, ist »vollkommen transparent«. Die Scheibe jedoch, die den Blick auf die Menschen gestattet, ist »noch trüb«. Denn, obwohl Vermeer Menschen darstellte, ist Huxley der Meinung, dass er immer »ein Maler von Stillleben« gewesen ist.

Huxley unterstellt, dass Vermeer Menschen als Objekte habe malen müssen, um ihr essenzielles Nicht-Selbst einzufangen: »in Ruhe, mit ruhigem Geist, ohne körperliche Bewegungen«.

Vermeer versuchte die jungen Frauen in seinen Gemälden als »Mädchen bis zum Äußersten« zu portraitieren, vorausgesetzt, sie »verhielten sich nicht mädchenhaft«. Nur unter diesen Umständen konnte er »die Soheit in all ihrer himmlischen Schönheit sehen«. Im Gegensatz zu diesen Arbeiten Vermeers steht für Huxley »die allumfassende Kunst Rembrandts«, eine Kunst, die die Menschlichkeit in all ihrer dünkelhaften, zwiespältigen Tragik zeigt.

Trotz tadelloser säkularer Referenzen als Enkel von T. H. Huxley, dem als »Darwins Bulldogge« bekannten Biologen, war Aldous Huxley ein Theist. Seine »ewige Philosophie« ermöglichte es ihm, den Dharma-Körper des Buddha als einen weiteren Ausdruck zu betrachten, um über die Göttlichkeit zu sprechen. Meskalin, so glaubte er, hatte seine Augen für das »größtmögliche Bewusstsein« (»Mind at Large«) geöffnet, zu dem, was der vom Überlebensinstinkt getriebene »Reduktionsfilter« des kleinen, engen menschlichen Bewusstseins nicht durchlässt. Alles, was Huxley in »Die Pforten der Wahrnehmung« beschreibt, ist durch die Linse des mystischen Universalismus gefiltert.

Meine eigenen Reisen mit Peyote und Ayahuasca haben meine langjährige agnostische, skeptische und am mittleren Weg orientierte Sichtweise des Lebens nicht grundlegend verändert. Genauso wie Meskalin Huxleys philosophische Einstellung bestärkte, so haben Peyote und Ayahuasca die meine intensiviert und vertieft. Solche Substanzen mögen zeitweise Huxleys »Reduktionsfilter« – heutzutage von Neurowissenschaftlern als »Default Mode Network« bezeichnet – ausgeschaltet haben, aber das ist auch schon alles. Es erscheint mir nicht notwendig, die Göttlichkeit oder »das größtmögliche Bewusstsein« zu beschwören, um zu erklären, was unter dem Einfluss von Psychedelika passiert. Huxleys Sprache deutet auf einen tief verwurzelten Hang zu theistischen Denkmustern in Hinblick auf das Selbst und die Welt hin. Anstatt sich einen offenen, stets neugierigen Geist zu bewahren, greift er nach einer religiösen oder metaphysischen Erklärung. Wenn das Default Mode Network außer Kraft gesetzt wird, sei es durch Meditation oder Medizin, begegnet man dem Leben mit sprachlosem, ursprünglichem Staunen. Und das erscheint mir mehr als genug.

»Die Pforten der Wahrnehmung« habe ich erstmals mit 17 oder 18 Jahren gelesen. Huxleys Reise deckte sich teilweise mit meinem Leben; er hat diese vier zehntel Gramm Meskalin einen Monat nach meiner Geburt eingenommen. Doch ein weiteres Mal las ich den Text erst, kurz nachdem ich den ersten Entwurf von *Die Kunst, mit sich allein zu sein* fertiggestellt hatte und das Buch zur Veröffentlichung angenommen worden war. Eines Abends ergriff mich ein Impuls, mir »Die Pforten der Wahrnehmung« noch einmal vorzunehmen. Ich lud mir den Text auf mein iPad herunter. Erst da entdeckte ich, dass Huxley seine Erfahrung mit Meskalin mit der Idee des Mit-sich-Alleinseins verknüpft, er dessen Wirkungen in der Sprache des Buddhismus erklärt und das, was er sah, mit den Bildern Vermeers verglichen hatte. Wusste ich das bereits? Hatten sich diese Assoziationen in mein jugendliches Gehirn eingeprägt? Haben verschüttete Erinnerungen die ganze Zeit über das Schreiben dieses Buches geprägt? Ich habe keine Ahnung.

27

Derjenige, der Lehren liebt,
die verzerrt sind, konstruiert und obskur,
und nur auf seinen eigenen Vorteil bedacht ist,
stützt sich auf einen Frieden mit wackligem
Fundament.
VIER ACHTER, 2:5

»Der Mensch ist von einer Seuche befallen«, sagt Montaigne, »von der Ansicht, dass er etwas weiß.« Als Christ glaubte Montaigne, dass diese Krankheit im Garten Eden seinen Anfang genommen hatte, als sich der Teufel zum ersten Mal »geschickt in uns einschlich mit Versprechungen von Wissen und Verständnis«. Die philosophische Praxis des Mit-sich-Alleinseins ermöglicht es dem Menschen, in seinem gefallenen Zustand eine ruhige Gelassenheit (*Ataraxie*) zu erfahren, ähnlich der natürlichen Einfachheit und Unschuld von Eden. Aber es gibt eine höhere mystische Einsamkeit, die zu Gott führt. »Die Vorstellung derer, die Einsamkeit aus Hingabe suchen«, sagt Montaigne, »inspiriert von der Gewissheit der Verheißungen Gottes für das zukünftige Leben, ist wesentlich vernünftiger und angemessener.« Montaigne sah sich als einen Philosophen und als einen Christen, aber nicht als einen Mystiker. Er konnte nur diejenigen bestaunen, deren Seelen »hell erleuchtet waren von lebendigem Glauben und Hoffnung«, da sie »in ihrer Einsamkeit ein Leben in Wonne und Verzückung erschufen, weit jenseits jeglicher anderen Art von Leben«.

Der Pyrrhonismus mag den Menschen als »nackt, leer und sich seiner natürlichen Schwäche bewusst« enthüllen, aber das ist nicht genug. Ataraxie kann ein Sprungbrett zu etwas Größerem werden. »Des menschlichen Wissens beraubt«, erklärt Montaigne,

> ist der Mensch umso empfänglicher für das Göttliche. Indem er seinen Intellekt auslöscht, um mehr Raum für den Glauben zu schaffen, ist er geeignet, geheimnisvolle Kräfte von ganz oben zu empfangen ... Er ist befreit von den eitlen und ungläubigen Ansichten, die von falschen Sekten eingeführt wurden. Er ist ein unbeschriebenes Blatt, auf das Gottes Finger schreiben kann, was immer ihm gefällt.

Montaigne verwandelt die Philosophie Pyrrhons in eine Waffe in den Religionskriegen. Ihre Rolle in dieser Schlacht besteht darin, »uns die kümmerlichen Waffen unserer Vernunft aus den Händen zu reißen, uns dazu zu bringen, unsere Köpfe zu senken und in Ehrfurcht vor der Autorität göttlicher Majestät in die Erde zu beißen«. Denn »wer den Menschen ungeschönt sieht, wird in ihm keine Talente oder Fähigkeiten sehen, die nach etwas anderem riechen als nach Tod und Staub. Je mehr wir Gott zuteilwerden lassen, ihm schulden und ihm erweisen, desto christlicher handeln wir.« Das ist der Grund dafür, dass »unsere Religion Unwissenheit so sehr als eine dem Glauben und Gehorsam gemäße Eigenschaft befürwortet«.

Die Philosophen im antiken Athen und Rom erklommen die Höhen menschlicher Weisheit, aber es gelang ihnen nicht im Mindesten, an der Oberfläche der Realität zu kratzen. »Die Wahrheit liegt nicht, wie Demokrit sagte, verborgen tief unten in Abgründen«, merkt Montaigne an, »sondern erhoben auf unendlich weiter Höhe im göttlichen Verständnis.« Selbst »die tugendhaften Handlungen von Sokrates und Cato bleiben eitel und nutzlos, weil sie weder die Liebe zum wahren Schöpfer aller Dinge noch den Gehorsam ihm gegenüber zum Sinn und Zweck hatten: Sie kannten Gott nicht.« Wenn wir für ein Leben frei von Meinungen eintreten, ist der Skeptizismus eine Philosophie, die uns auf die Offenbarung der Evangelien vorbereitet.

Montaigne glaubt, dass die »unendliche Gerichtsbarkeit« Gottes, die auf geheimnisvolle Weise die Entfaltung des Universums ordnet, durch die römisch-katholische Kirche und ihren Stellvertreter auf Erden, den Papst, offenbart wird. Die Autorität der Monarchen und die darauf basierende Gesellschaftsordnung ergeben sich aus der Weihe des Königs durch die Kirche. Unsere Gesetze auf Erden sind somit von

Gott gewährt. Montaigne mag die Behandlung der indigenen Völker Amerikas bedauern, aber er akzeptiert, dass sie Teil eines göttlichen Plans ist, den zu verstehen, er außerstande ist. »Die christliche Religion«, sagt er, »trägt alle Merkmale höchster Gerechtigkeit und Nützlichkeit, aber keines ist klarer als die ausdrückliche Anordnung, den Obrigkeiten zu gehorchen und das politische System aufrechtzuerhalten.« »Da ich nicht in der Lage bin, zu wählen«, räumt er ein,

> akzeptiere ich die Wahl eines anderen und bleibe dort, wo Gott mir meinen Platz zugewiesen hat. Sonst wüsste ich nicht, wie ich mich davor bewahren sollte, mich endlos im Kreis zu drehen. Durch Gottes Gnade habe ich meine Unversehrtheit bewahrt, ohne Aufgeregtheit oder ein mich plagendes Gewissen, innerhalb der alten Glaubenssätze unserer Religion, inmitten all der vielen Sekten und Schismen, die unser Jahrhundert hervorgebracht hat.

Nach Montaignes Auffassung muss nicht die Kirche reformiert werden, sondern unser eitles und vermessenes Selbst. Diese innere Reformation findet in der Einsamkeit, im Mit-sich-Alleinsein, statt.

> In seinem Inneren sollte der Weise seine Seele von der Volksmasse fernhalten und ihre Fähigkeit bewahren, Dinge frei zu beurteilen. Was das Äußere betrifft, sollte er alle allgemein akzeptierten Umgangsformen und Bräuche strikt befolgen.

Auch Pyrrhonisten erkennen an, dass wir, da wir weder unseren Sinnen noch unserem Verstand trauen können, uns in unserem Verhalten von den Sitten und Gepflogenheiten unserer Zeit und unseres Umfelds leiten lassen sollten. »Gesetze bleiben wirksam«, sagt Montaigne, »nicht weil sie gerecht sind, sondern weil sie Gesetze sind. Dies ist die mystische Grundlage ihrer Autorität. Sie haben keine andere.«

Es ist daher »höchst zweifelhaft, ob irgendein offensichtlicher Nutzen aus der Änderung eines etablierten Gesetzes erwachsen kann, worin auch immer sie bestehen mag, der das Übel aufwiegt, es in Frage zu stellen«. »Ich bin angewidert von Neuerungen«, sagt Montaigne in Bezug auf die Reformation, »und ich habe Recht damit, denn ich habe einige ihrer katastrophalen Auswirkungen gesehen.«

> Ehrlich gesagt, scheint es mir eine große Eigenliebe und Vermessenheit zu sein, wenn man seinen Meinungen eine solche Wertschätzung entgegenbringt, dass man die Störung des öffentlichen Friedens zu ihrer Verbreitung damit rechtfertigt.

»Nichts untergräbt den Staat so sehr wie Innovation«, fasst er zusammen. »Wandel schafft von sich aus Ungerechtigkeit und Tyrannei.« Die schiere Arroganz der protestantischen Reformatoren verblüfft ihn:

> Wie wahnhaft erscheinen die Ideen derer, die in den letzten Jahren die Angewohnheit haben, jeden klugen, klar denkenden Menschen, der sich zur katholischen Religion bekennt, zu

> bezichtigen, nur so zu tun als ob. Um ihm Respekt zu zollen, behaupten sie sogar, dass, trotz dessen, was er zu sagen scheint, er tief in seinem Inneren nicht umhin kann, genauso wie sie, »reformierte« Überzeugungen zu haben. Welch erbärmliche Krankheit, so davon überzeugt zu sein, Recht zu haben, dass man sich selbst einredet, niemand könne anders glauben.

Letztendlich bekommt Montaigne die Anstellung in Rom nicht. Sein Freund Paul de Foix, der Erzbischof von Toulouse, wird stattdessen zum französischen Botschafter im Vatikan ernannt. Als Trostpreis ist Montaigne eine »Bulle der römischen Staatsbürgerschaft, prächtig geschmückt mit Siegeln und vergoldeten Briefen«, vergönnt und ein Ersuchen von König Heinrich III. an ihn, Bürgermeister von Bordeaux zu werden. Die päpstlichen Behörden finden in den *Essais* nichts Anstößiges, abgesehen vom gelegentlichen Gebrauch profaner Sprache und einer merkwürdigen Hingabe an das Schicksal. Es wird Montaignes eigenem Ermessen überlassen, irgendwelche Änderungen vorzunehmen. Er nimmt keine vor. Seine Philosophie der radikalen Unwissenheit und des bedingungslosen Glaubens stellt die Kirche vor keinerlei Probleme – wie er sicherlich sehr wohl wusste.

Montaigne reist gemächlich nach Bordeaux zurück, verweilt unterwegs in Kurorten und Pilgerstätten. »Als ich dort ankam«, erinnert er sich, »habe ich meine Eigenschaften getreu und wahrhaftig dargelegt, genau so, wie ich sie kenne: kein Erinnerungsvermögen, keine Wachsamkeit, keine Erfahrung, kein Antrieb; auch kein Hass, kein Ehrgeiz, kein Verlangen, keine Gewalt – so dass sie gut darüber informiert sein sollten, was sie von meinen Diensten zu erwarten haben.« Nach zwei unspektakulären Amtszeiten als Bürgermeister äußert er: »Sie sagen auch, dass meine Amtszeit ohne jegliche Spuren vorübergegangen ist. Gut.«

Montaigne zieht sich nun in seinen Turm zurück, wo er den dritten und letzten Band seiner Essais schreibt. Im Geheimen hält er weiterhin Kontakt zu den Schlüsselfiguren sowohl des protestantischen als auch des katholischen Lagers im Bürgerkrieg. Der protestantische König Heinrich von Navarra, ein Mann, den er sehr bewundert, ist zweimal Gast auf seinem Anwesen. Im Jahr 1584, dem Jahr seines ersten Besuchs bei Montaigne, wird Heinrich nach dem Tod des jüngeren Bruders des kinderlosen Heinrich III. zum französischen Thronfolger. Als Heinrich III. fünf Jahre später, im Jahr 1589, von einem religiösen Fanatiker ermordet wird, wird Heinrich von Navarra automatisch König Heinrich IV. von Frankreich, trotz der heftigen Einwände seitens der Katholiken, die die Vorstellung, einen protestantischen König zu haben, nicht akzeptieren können.

Montaigne stirbt 1592 im Alter von 59 Jahren während einer Messe in seinem Schlafgemach. Im folgenden Jahr schwört Heinrich von Navarra feierlich dem protestantischen Glauben ab und kehrt zum Katholizismus zurück, was es ihm ermöglicht, 1594 in der Kathedrale von Chartres zum König von Frankreich geweiht zu werden. Vier Jahre später erlässt der »gute König Heinrich« das Edikt von Nantes, das den Protestanten Toleranz garantiert und die Religionskriege endgültig beendet. Hätte Montaigne noch gelebt und diese Ereignisse miterlebt, wäre er zweifelsohne erfreut gewesen über den Triumpf des Katholizismus und die Rolle, die er möglicherweise dabei gespielt hatte, Heinrich in den päpstlichen Schoß zurückzuführen.

1595 veröffentlicht Montaignes Adoptivtochter Marie de Gournay die endgültige (Bordeaux-)Ausgabe der *Essais*. Sie widmet ihr weiteres Leben der Pflege von Montaignes Vermächtnis, bringt bis zu ihrem eigenen Tod im Jahre 1645 elf posthume Ausgaben der *Essais* heraus. Die römisch-katholische Kirche nimmt die *Essais* 1676 in das Verzeichnis der verbotenen Bücher auf, wo sie bis zur Abschaffung des Verzeichnisses 1966 aufgeführt bleiben. Es gibt keine offizielle Begründung für dieses Verbot, aber es scheint, dass die Behörden gegen Montaignes Fideismus Einspruch erhoben haben: die ketzerische Ansicht, Glaube und Vernunft seien unvereinbar und Erlösung werde allein durch den Glauben erlangt.

28

Nachdem die Frau viele Kilometer gelaufen ist, erreicht sie das Ufer eines breiten Flusses. Es ist keine Brücke und kein Boot in Sicht, nur eine unermessliche Weite von Wasser. Sie kann nicht schwimmen. Es gibt dort niemanden, der ihr helfen könnte. Dorthin zurückkehren, woher sie gekommen ist, kann sie nicht. Sie ist vollkommen allein.

Sie sucht ein paar tote, auf dem Boden verstreute Äste zusammen, reißt einige Schilfrohre am Flussufer aus und macht sich daran, ein Floß zu bauen. Sobald sie das Floß zusammengebaut hat, schiebt sie es ins Wasser, watet ihm hinterher, legt sich darauf und beginnt mit Händen und Füßen zu paddeln. Als sie am fernen Ufer ankommt, bricht das Floß auseinander und geht teilweise unter. Sie klettert an Land. Dann setzt sie ihren Weg fort.

Dies ist die Geschichte einer Migrantin oder eines Flüchtlings auf der Suche nach einem besseren

Leben. Sie muss all ihren Mut zusammennehmen, um die Verbindungen zu ihrer Familie, ihrem Clan, ihrem Dorf, allem, was sie seit ihrer Kindheit kennt und liebt, zu lösen. Es ist entsetzlich, so allein zu sein, aber sie hat keine Wahl. Dies ist ihr erstes wirkliches Erleben von Einsamkeit.

Gotama lebte zu einer Zeit, als ein unüberschaubares Flickwerk kleinbäuerlicher Gemeinschaften dem Aufkommen der ersten Monarchien und Städte in Nordostindien weichen musste. Der wirtschaftliche Überschuss, der durch die Bewirtschaftung des fruchtbaren Schwemmlandbodens des Gangesbeckens erzielt wurde, ermöglichte es Königen, stehende Heere aufzustellen, befestigte Städte zu bauen und Münzen zu prägen, während die einfachen Leute ihre Heimat verlassen konnten, um Händler, Soldaten, Mönche und Philosophen zu werden. Allen war die Erfahrung gemein, mit der Vergangenheit zu brechen, um neue Möglichkeiten zu verfolgen. Nachdem die Menschen über Generationen hinweg in eng verbundenen Dorfgemeinschaften gelebt hatten, in denen sich wenig änderte und jeder in seiner Rolle und seinen Beziehungen abgesichert war, mussten sie sich plötzlich ihrem Alleinsein in der Welt stellen.

Ob du nun Nonne, Händler oder Minister warst, der Dharma vermittelte dir die kontemplativen Fertigkeiten, die du benötigtest, um diese neu entdeckte Einsamkeit zu bewältigen. Indem du Achtsamkeit und Sammlung kultiviertest, hast du deine Aufmerksamkeit stabilisiert, dir eine Quelle inneren Wohlbefindens erschlossen und wurdest konzentrierter und selbständiger. Du wurdest ermutigt, jede neue Situation vollständig anzunehmen, Ängste und reaktive Emotionen loszulassen, dich im nichtreaktiven Raum des Nirvana zu gründen und dann eine Lebensweise zu wählen, die es dir ermöglichte, dich als Person zu entfalten und zu erblühen. Durch die Aktivierung von Fantasie und Kreativität sollte jeder, der diesen Weg einschlug, »unabhängig von anderen« werden.

Gotama nutzte das Gleichnis vom Floß, um zu veranschaulichen, dass der mittlere Weg, den er lehrt, ein provisorischer ist. Der Dharma ist ein Mittel zum Zweck, kein Selbstzweck. Er dient »dem Ziel überzusetzen und nicht dem Ziel, daran festzuhalten«. Er kann dabei helfen, gewisse Konflikte aufzulösen, aber sobald dies erledigt ist, sollte man ihn hinter sich lassen und sein Leben weiterleben. Den Dharma als Endziel zu betrachten wäre so, als würde man das durchweichte Floß auf seine Schultern heben und mit sich herumschleppen. Was dir einst das Leben gerettet hat, verwandelt sich in eine Belastung und hemmt deine Entwicklung.

Nachdem seine Anhängerinnen und Anhänger die grundlegenden Fertigkeiten für ihre Praxis beherrschten, wies Gotama sie an, »in die Welt hinauszugehen zum Wohle vieler, und nicht zwei von euch sollen demselben Weg folgen«. Auch das Zusammenleben in der Gemeinschaft war vorübergehend und provisorisch. Es war ebenfalls wie ein Floß. Das Zusammensein in einem Hain oder Park während des Monsuns bot einen wertvollen Rahmen für das Lernen, aber sobald die Regenzeit vorüber war, löste sich die Gemeinschaft wieder auf. Denn die eigene Verantwortung liegt in der Welt: nicht nur darin, anderen zu helfen, selbständiger zu leben, sondern auch darin, eigenständige Selbstgenügsamkeit zu verkörpern.

Etwa 500 Jahre, nachdem Gotama und seine ersten Schüler die Ebenen Nordindiens durchwandert hatten, schrieb der buddhistische Philosoph Nāgārjuna:

> Wenn Buddhas nicht erscheinen
> und ihre Anhänger gegangen sind,
> bricht die Weisheit des Erwachens
> von selbst hervor.

Nāgārjuna nimmt dabei Bezug auf »Einzel-Buddhas«, Menschen, die durch eigenes Forschen zum Nirvana und zum mittleren Weg erwachen, ganz unabhängig vom Buddhismus. Der Dharma ist ein Gesetz oder eine Lebensweise, die intuitiv »von den Weisen wahrgenommen« wird, ungeachtet dessen, ob man nun Buddhist, Christin, Muslim, Atheistin oder Agnostiker ist. Es mag solchen akzidentellen Buddhas nicht in den Sinn kommen, Lehrer oder Lehrerin zu werden, Lehrmeinungen zu formulieren oder Gemeinschaften zu gründen. Als Meister in der Kunst des Mit-sich-Alleinseins führen sie ihr Leben ganz spontan aus der Warte des Nirvana heraus.

Der englische Dichter John Keats wusste nichts über den Buddhismus, aber sein Konzept der »negativen Fähigkeit« erfasst die Perspektive des Nirvana genauso gut wie jede buddhistische Definition. Diese negative Fähigkeit ist immer dann vorhanden, wenn man in der Lage ist, in einem Zustand voller Unsicherheiten, Geheimnisse und Zweifel zu sein, ohne nervös nach Tatsachen und Vernunft zu greifen.

Für Keats war diese Geistesqualität am deutlichsten sichtbar bei Künstlern wie Shakespeare, den er für »so wenig egoistisch, wie man nur sein kann« hielt. »Er war nichts an sich; aber er war alles, was andere waren oder was sie werden konnten.«

Nirvana ist eine negative Fähigkeit. Wenn man die – »zunichte machende« – Reaktivität loslässt, entdeckt man, ein größeres Vermögen – »die Fähigkeit« –, dem Leben zu begegnen. Nirvana zu erfahren bedeutet, Freiheit von jenen Anhaftungen und Meinungen zu erfahren, die eine eigene fantasievolle Reaktion auf Situationen, denen man im Leben begegnet, verhindern. Nirvana ist nicht der Endpunkt des Pfades, sondern sein Wendepunkt.

Im 2. Jahrhundert v. Chr. erklärte der buddhistische Mönch Nāgasena dem indo-griechischen König Menandros, wie Gotama »die Stadt des Nirvana« entworfen, gestaltet und erbaut hatte. Im Gegensatz zu einer modernen Stadt mit ihrer endlosen vorstädtischen Zersiedelung ist die Stadt des Nirvana eine von einer Mauer umgebene Stadt, ein umgrenzter bürgerlicher Raum, der von rechtsstaatlichen Prinzipien geleitet wird. So etwas war das Ziel derer, die ihre Heimat verlassen und Flüsse auf Flößen überquert hatten, auf der Suche nach einem besseren Leben. Die eingefriedete Stadt, die in der Gangesebene entstand, wurde zur Metapher für die »innere Festung« des eigenen Mit-sich-Alleinseins, das, eingebettet in das Gesetz des Dharma, negative Fähigkeiten ermöglicht.

29

Er macht's nicht kompliziert, schmeichelt nicht,
hat keinerlei Lehren angenommen.
Du kannst diesen Priester nicht nach seinen Regeln
messen,
er ist darüber hinausgegangen – mit nichts, worauf er
zurückgreifen kann.
VIER ACHTER, 4:8

Wenn ich die Dordogne in Branne überquere, dauert die Fahrt nach Saint-Michel-de-Montaigne von meinem Wohnort im Weinbaugebiet Entre-deux-Mers aus noch vierzig Minuten. Um halb zehn komme ich an einem kalten, nebligen Dezembermorgen am Schloss an. Die heutigen Besitzer haben mir freundlicherweise gestattet, einen Vormittag allein in Montaignes Turm zu verbringen. Als ich mich der verwitterten Holztür des Turms nähere, nehme ich bei mir eine eigenartige Mischung aus Vorfreude und Befürchtungen körperlich wahr. Ich stelle fest, dass Montaigne sich nicht einfach in die Abgeschiedenheit seines Turms zurückgezogen hat; er tat dies, wenn er ihn betrat, jeweils in einer anderen Stimmung und Gemütsverfassung.

Ich rolle meine Meditationsmatte aus und lege sie in der Mitte der kreisförmigen Kapelle auf den Boden. Als sich meine Augen nach und nach an das Licht, das durch ein einziges Fenster dringt, gewöhnen, kann ich den in eine Wand eingelassenen Altar sehen und davor zwei Betstühle mit hohen Lehnen. Über und links hinter mir kann ich gerade so den stufenförmigen »Zuhörschacht« erkennen – ehemals Teil einer schmalen Treppe –, den Montaigne erhalten hatte, damit er, wenn er oben krank daniederlag, zuhören konnte, wenn der Priester die Messe verlas. Als ich mich in die Meditation einstimme, versinke ich mehr und mehr in die deutlich vernehmbare mich umgebende Stille der Kapelle. Ich chante die Silben *Om Mani Padme Hum* und lausche dem Widerhall der Worte und deren Nachklingen um mich herum.

Da das Schloss im Winter geschlossen wird, sein Hof verriegelt und menschenleer ist und an diesem Tag keine Besuchergruppen eingeplant sind, ist es viel ruhiger, als es zu Montaignes Zeiten gewesen sein muss, mit dem ständigen Trubel einer sich selbst versorgenden Gemeinschaft von Bäckern, Schmieden, Bediensteten, Köchen, Holzfällern, Bauern und Kindern im Hof. Heute dringt in die Stille der Kapelle lediglich das ferne Geräusch eines Traktors, der irgendwo in den Weinbergen draußen eine mir unbekannte Aufgabe erfüllt. Dann höre ich in der Ferne eine Kirchenglocke zehnmal läuten, die Stunde schlagend.

Ich steige die Wendeltreppe hinauf, jede Stufe ist ungleichmäßig ausgetreten. In den Wohnräumen in der ersten Etage, wo Montaigne gestorben ist, halte ich an. Ich nehme die primitive Toilette wahr: eine Aushalsung in der Wand des Treppenhauses mit einem Loch im Boden, das jetzt verfüllt ist. Schließlich erreiche ich die Bibliothek in der zweiten Etage, in der Montaigne »die meisten Tage meines Lebens und die meisten Stunden eines jeden Tages« mit dem Lesen von Büchern und dem Verfassen von *Essais* verbracht hat. Ich öffne die Läden der drei kleinen Fenster und der Raum wird vom trüben spätherbstlichen Licht durchflutet. Die Bücher von Étienne de la Boétie und Montaigne sind schon lange nicht mehr hier. Der Raum ist kahl, abgesehen von einer Gipsstatue Montaignes, einem Tisch mit der Fotokopie einer Seite aus der Bordeaux-Ausgabe der *Essais*, einem Stuhl und zwei sich auflösenden Sätteln. Auf den Dachbalken darüber finden sich immer noch die lateinischen und griechischen Zitate, die ihn einst inspirierten.

Ich rolle meine Meditationsmatte aus und setze mich mit verschränkten Beinen in die Mitte des Raumes, dorthin gewandt, wo die Bücherregale einst standen. Ich nehme mein iPad heraus und verbringe den Rest des Morgens damit, meine Auswahl von Montaignes Gedanken zur Einsamkeit, zum Mit-sich-Alleinsein, zu ordnen und zu bearbeiten. Erneut bewundere ich seine klare und gnadenlos ehrliche Prosa. »Schneide diese Worte«, sagte Ralph Waldo Emerson, »und sie würden bluten; sie sind vaskulär und lebendig.« Manchmal schließe ich die Augen und sitze ruhig in der leblosen Stille des Ortes. Ich denke über die kleinen Terrakotta-Ziegel nach – einige sind nun rissig, Stücke sind abgeplatzt –, aus denen der Boden besteht, und stelle mir Montaignes Füße auf ihnen vor, wie er durch den Raum schreitet. Als die Kirchenglocke zum Mittag läutet, sind meine Finger taub vor Kälte.

Die Aussicht, einen Morgen allein im Turm Montaignes verbringen zu können, war aufregend. Die tatsächliche Erfahrung war so ziemlich die gleiche, die ich auch in jedem anderen unbeheizten, schlecht beleuchteten und leicht baufälligen mittelalterlichen Gebäude gemacht hätte. Aber jetzt weiß ich, wie es sich anfühlt, allein im Turm zu sein. Im Gegensatz zu meinen früheren Erfahrungen, bei denen ich in einer Besuchergruppe durch den Turm gehetzt wurde, habe ich nun davon gekostet, wie es ist, in der Kapelle zu beten und in der Bibliothek zu schreiben. Der Turm hat für mich ehrwürdigere und vertrautere Konturen angenommen.

Nach Verlassen des Turms, laufe ich durch die Außenanlagen des Anwesens zur Dorfkirche Saint-Michel-de-Montaigne. Nachdem sie während der Religionskriege niedergebrannt worden war, wurde sie mit Hilfe der Gelder, die Montaignes Witwe, Françoise de la Cassaigne, zur Verfügung gestellt hatte, wiederaufgebaut. Als ich das Dorf verlasse, bricht die Sonne durch den Nebel. Ich gehe an endlosen Reihen kahler Weinreben vorbei, unterbrochen von Waldstücken aus Eichen und Kastanien, die immer noch im Glanz ihrer goldenen Blätter erstrahlen. Ich gehe an Gehöften und brachliegenden Feldern vorbei, bis ich die Kirche Saint-Pierre-ès-Liens im Städtchen Montcaret erreiche.

Ursprünglich an ein Benediktinerkloster aus dem zwölften Jahrhundert angegliedert, wurde Saint-Pierre während des

Kampfes, durch den sie für die katholische Kirche zurückerobert werden sollte, dem Erdboden gleichgemacht. Es dauerte weitere dreihundert Jahre, bis sie wieder vollständig aufgebaut wurde. Im Jahr 1873 bemerkte der örtliche Priester, dass ein Teil der Erde, der von einem nicht mehr genutzten Teil des Friedhofs für den Bau eines Bahnhofs entnommen wurde, Mauerwerk enthielt. Dieser und weitere Funde führten zu archäologischen Ausgrabungen, die das Vorhandensein einer ausgedehnten römischen Villa aus dem vierten Jahrhundert n. Chr. unter der Kirche und dem Gräberfeld zu Tage förderten.

Die Kirche Saint-Pierre wurde auf und teilweise aus den Ruinen dieser heidnischen Villa erbaut. Montaigne hatte Senecas Beschreibungen von Häusern bestaunt, die mit Hypokaustensystemen beheizt wurden, die heiße Luft unter den Böden und durch die Wände zirkulieren ließen. Wäre er jetzt noch am Leben, könnte er solch ein System nur fünf Kilometer entfernt von seinem Turm mit eigenen Augen sehen. Das Besucherzentrum auf dem Gelände wird von einem restaurierten Speisesaal der Villa dominiert, der geschmackvoll von einer minimalistischen Stahl-, Kiefernholz- und Glaskonstruktion umschlossen wird. Hier haben sich vielleicht einst Männer in Togas müßig auf Sofas zurückgelehnt, um über Philosophie zu diskutieren, sogar über die »weiseste Philosophie« von allen: den Skeptizismus. Im Mittelalter gruben Totengräber versehentlich durch den Boden dieses Raumes. Die Skelette dreier christlicher Seelen liegen hier immer noch in ihren unebenen Hohlräumen inmitten einer Fläche aus einem gemusterten gallo-römischen Mosaik.

30

Ich halte mich nicht für einen besonders versierten Meditierenden. Ich kenne andere, die sich weit mehr der Meditation verschrieben zu haben scheinen als ich. Hätte ich es ernster damit gemeint, würde ich sicherlich wesentlich mehr Zeit für die *Jhānas* aufgewandt haben als nur zwei einwöchige Retreats. Doch trotz meines Interesses an dieser Praxis verspüre ich wenig Neigung, sie wochen- oder monatelang weiter zu verfeinern oder zu vertiefen. Ein Grund für dieses mangelnde Interesse ist, dass ich auch viele Monate später immer noch spüre, wie die Auswirkungen dieser *Jhāna*-Retreats weiterhin meine Aufmerksamkeit und mein Gewahrsein beeinflussen, und das nicht nur während der formalen Meditation, sondern auch im täglichen Leben. Sammlung (*Samādhi*) ist nun weit mehr ein integraler Teil meiner täglichen Praxis geworden. Meine Meditation ist verleiblichter geworden und ich lege mehr Wert auf Zufriedenheit, Verzückung und Wohlbefinden als Teil des Prozesses.

Die *Jhāna*-Praxis hat mir dabei geholfen zu verstehen, dass die traditionelle buddhistische Unterscheidung zwischen »Ruhe« (*Samatha*) und »Einsicht« (*Vipassanā*) irreführend sein kann. Während es vielleicht am Anfang notwendig sein mag, sie als unterschiedliche Praktiken darzustellen, werden sie mit zunehmendem Reifen der Meditationspraxis immer weniger trennbar. In der Theorie wusste ich dies durch meine buddhistischen Studien. Doch erst meine Teilnahme an diesen *Jhāna*-Retreats ließ mich verstehen, was es in meiner eigenen verleiblichten Erfahrung bedeutet.

Im Laufe der Jahre muss ich viele tausend Stunden auf einem Meditationskissen sitzend verbracht haben, aber ich werde immer noch abgelenkt, bin lustlos und gelangweilt. Während eines typischen Retreats habe ich gute Tage und schlechte Tage. Manchmal kommt es vor, dass ich von einer obsessiven Sorge überwältigt werde, die mich stundenlang plagt. Meine Stimmung kann von einem Moment auf den anderen zwischen Hochgefühl und Niedergeschlagenheit schwanken. Es kann lange Zeiträume geben, während derer ich überhaupt nicht formal meditiere. Oft fühle ich mich wie ein Dilettant.

Warum also beharre ich auf einer Aktivität, die in vielerlei Hinsicht wenig Einfluss auf das zu haben scheint, was in meinem eigenen Geist vor sich geht? Ich habe gelernt, dass der Wert der Meditation nicht darin besteht, den Inhalt der Erfahrung zu verändern. Sie verändert deine Beziehung zu diesem Inhalt. All die Sorgen, egoistischen Fantasien, Begierden und Belanglosigkeiten, die ins Bewusstsein drängen, sind einfach das Ergebnis früherer Gegebenheiten, über die ich wenig Kontrolle habe. Es sind natürliche Prozesse, die unabhängig von meinem Wollen geschehen. Ich entscheide mich nicht dafür, sie zu empfinden. Alles, was ich tun kann, ist, ihnen gegenüber achtsam zu sein, wenn sie auftauchen, sie als das zu erkennen, was sie sind, und mich nicht zu sehr von ihnen beeinflussen oder mitreißen zu lassen.

Indem ich über die Jahre versucht habe, ein achtsames und ethisches Leben zu führen, habe ich vielleicht die Zustände reduziert, die die schlimmsten Formen der Reaktivität hervorrufen. Indem ich nicht gemäß diesen Reaktionen handele, verstärke ich sie vielleicht heute auch nicht mehr so sehr, wie ich es in der Vergangenheit tat, wodurch die Häufigkeit ihres Auftretens verringert wird. Doch wie kann ich wissen, dass solcher Nutzen nicht einfach das Ergebnis von Reife oder anderen Faktoren ist, die nichts mit der formalen Meditationspraxis zu tun haben? Kann ich sicher sein, dass ich heute nicht das Gleiche erleben würde, selbst wenn ich keine einzige Stunde mit verschränkten Beinen auf einem Kissen gesessen hätte? Wissenschaftliche Studien über die Wirkungen von Meditation versuchen, diese Fragen zu beantworten. Obwohl einige der Erkenntnisse darauf hindeuten, dass Meditation tatsächlich ein Schlüsselfaktor sein kann, der derartige Veränderungen erzeugt, wäre es an diesem Punkt verfrüht, pauschale Schlussfolgerungen zu ihrer Wirksamkeit zu ziehen.

Da sich in mir die Wirkungen der Meditation entfalten, bin ich wahrscheinlich in der schlechtesten Position, diese zu beurteilen. Ich bin zu nahe am Prozess, um die Folgen einer Praxis, die ich seit so langer Zeit ausübe, mit Klarheit erkennen zu können. Anstatt mich zu fragen, sollte man meine Frau fragen, meinen Bruder, meine alten Freunde. Ich bezweifle, dass ihre Antworten eindeutig wären.

Letztendlich ist für mich als Meditierenden nur wichtig, wie gut oder schlecht ich auf die Herausforderungen und Chancen, die sich aus der jeweiligen Situation ergeben, reagiere. Wenn meine kontemplative Praxis nicht dazu beiträgt, dass ich als Person in meinen Beziehungen zu anderen wachse und gedeihe, muss ich den Sinn und Zweck in Frage stellen, sie monate- oder jahrelang zu praktizieren. Jeder Augenblick in meinem Leben bietet die Chance, neu anzufangen. Ich kann annehmen, was vor mir liegt, loslassen, was mich zurückhält, dann in einer Art und Weise sprechen oder handeln, die nicht von meinen Ängsten, Anhaftungen oder meinem egoistischen Gedankengut bestimmt wird. Obwohl ich oft auch scheitere, auf diese Weise zu leben, bin ich davon überzeugt, dass Achtsamkeit, Sammlung und Hinterfragen von entscheidender Wichtigkeit dafür sind, entsprechend handeln zu können.

Ebenso wenig bezweifle ich, dass man, indem man sich in kontemplativen Disziplinen übt, außergewöhnliche Geisteszustände erreichen kann, die für diejenigen, die mit diesen Dingen nicht vertraut sind, möglicherweise unglaublich klingen. Wenn Leigh beschreibt, wie er über lange Zeiträume hinweg in den *Jhānas* und ungegenständlichen Versenkungen verweilt, habe ich keinen Grund, ihm nicht zu glauben. FMRT-Untersuchungen von Leighs Gehirn in Meditation haben gezeigt, dass unterschiedliche Hirnareale aufleuchten, wenn er in verschiedene *Jhāna*-Zustände eintritt. Ich vermute jedoch, dass die Fähigkeit zu solch veränderten Bewusstseinszuständen nicht nur von der formalen Übungspraxis, sondern auch noch von einer Reihe weiterer Faktoren abhängt. Einige Menschen sind nicht nur stärker motiviert, solche Zustände zu erreichen, sie sind möglicherweise auch von ihrer Veranlagung her und vielleicht auch neurobiologisch besser geeignet als andere, um in diese einzutreten.

»Wir hatten die Erfahrung«, schreibt T. S. Eliot in *The Dry Salvages*, »verkannten aber die Bedeutung.« Die Bedeutung der Kontemplation darf nicht mit der kontemplativen Erfahrung verwechselt werden. In der Lage zu sein, in einem tief fokussierten, ekstatischen und klaren Zustand zu verweilen, ist für sich genommen bedeutungslos. Du kannst deine spirituellen Muskeln in außergewöhnlichem Maße trainieren und entwickeln, ohne zwangsläufig auch als Person zu gedeihen. Deine Meditation ist in dem Ausmaß bedeutungsvoll, in dem sie dazu beiträgt, dass du zu der Person wirst, die du zu sein anstrebst. Und da eine ethische Vision integraler Bestandteil deines Lebens als Ganzes ist, wird sie deine kontemplative Praxis inspirieren, durchdringen und umformen.

Um kontemplative Praxis in das eigene Leben zu integrieren, braucht es mehr als das Beherrschen von Meditationstechniken. Es erfordert, eine Sensibilität gegenüber der Gesamtheit der eigenen Existenz zu entwickeln und zu verfeinern – von intimen Momenten persönlichen Kummers bis hin zum endlosen Leiden der Welt. Diese Sensibilität umfasst eine Reihe von Fähigkeiten: Achtsamkeit, Neugierde, Verständnis, Sammlung, Mitgefühl, Gleichmut, Fürsorge. Jede von ihnen kann in Abgeschiedenheit kultiviert und gepflegt werden, hat aber nur geringen Wert, wenn sie in der nervenaufreibenden Begegnung mit anderen nicht bestehen kann. Sei niemals selbstgefällig in Bezug auf die kontemplative Praxis; sie ist immer ein fortlaufender Arbeitsprozess. Die Welt ist hier, um uns zu überraschen. Meine nachhaltigsten Einsichten habe ich fernab des Kissens und nicht auf ihm erlangt.

31

ANDALUSIEN, SPANIEN, DEZEMBER 2017

Ich verbringe den Morgen damit, ziellos durch die engen Gassen der Altstadt von Málaga zu spazieren. Entlang der Boulevards flattern und kreischen grüne Sittiche zwischen den Palmen. Die gleißende Wintersonne verstärkt die leichten Kopfschmerzen, die ich darauf zurückführe, drei Tage lang keinen Kaffee mehr getrunken zu haben. Mir ist leicht übel, was ich mit einer Schale kalter Nudeln in Verbindung bringe, die ich gestern Abend in Lissabon gegessen habe. Ich bin müde und angespannt; meine Gelenke schmerzen, als hätte ich mir eine Grippe zugezogen. Ich habe heute nichts gegessen, lediglich Orangensaft und Tee getrunken.

Ich mache mir Gedanken über meine Beweggründe, Ayahuasca einzunehmen. Es ist nun ein Jahr her, seit ich an der Zeremonie mit Salvador teilgenommen habe. Ich verspüre noch immer das

Bedürfnis, diese Medizin weiter zu erforschen. Vor vier Monaten starb mein Freund Michael Stone – ein charismatischer Yoga- und Meditationslehrer, Autor und politischer Aktivist – an einer Überdosis des synthetischen Opioids Fentanyl. Seine Frau erwartete ihr drittes Kind. In einer Erklärung enthüllte die Familie, dass Michael an einer sich zunehmend verschlimmernden bipolaren Störung litt, die er vor seinen Freunden und Schülern verborgen hatte. Das Fentanyl war wahrscheinlich ein Versuch, seine Manie in den Griff zu bekommen. Ich zermartere mir den Kopf darüber, ob meine liberale Haltung gegenüber psychoaktiven Substanzen möglicherweise zu der toleranten Kultur beigetragen hat, die ihm stillschweigend die Erlaubnis gab, mit einem illegalen Opioid zu experimentieren, dessen Wirkung stärker ist als die von Heroin. Was Michael von einem buddhistischen Lehrer wie mir gebraucht hätte, wäre möglicherweise ein unzweideutiges Vorbild gewesen, auf alle derartigen Substanzen zu verzichten.

Ein Mercedes-Taxi fährt mich stadtauswärts nach Osten von Málaga in die Olivenhaine und die mit Kiefern bewachsenen Hügel Andalusiens. Eine Stunde später verlassen wir das Dorf San Juan und holpern eine schmale Talstraße hinunter, bis wir ein Gehöft erreichen, dessen Obstplantage reich an Orangen, Zitronen, Kakis und Granatäpfeln ist. Ich lege meine Decken, mein Kissen, meinen Schal und meine Wasserflasche auf den beheizten Steinboden der schlichten weißen Halle, in der die Zeremonie stattfinden wird. Ich kenne keinen der anderen dreizehn Teilnehmer, auch nicht Hemming, den Schamanen.

Es ist Neumond. Die Halle wird vom Licht einer einzelnen Kerze und einem Holzfeuer unter einem eisernen Feuerrost in einer Ecke erhellt. Wir sitzen in einem Halbkreis. Hemming, ein zurückhaltender Däne in den späten Vierzigern, sitzt auf einem niedrigen Stuhl vor uns. Wir meditieren zwanzig Minuten lang und kommen in der kollektiven Stille an, die bis zum Morgengrauen andauern wird. Hemming pafft eine Zigarette und bläst den Rauch in eine Plastikflasche mit Ayahuasca. Wir nehmen sie abwechselnd, um eine Dosis der Medizin in einem kleinen Glas zu erhalten. Ich trinke es in einem Zug aus. Die Medizin hat diesen zutiefst vertrauten und zugleich abstoßenden Geschmack, den zu identifizieren ich mich bemühe, was mir aber nicht gelingt.

Ich sitze mit verschränkten Beinen, bewege mich aber unruhig hin und her. Innerhalb weniger Minuten – so scheint mir – prickelt mein Körper vor Hitze. Ich ziehe einen Plastikeimer zu mir her und übergebe mich heftig. Kurz befürchte ich, dass ich die Medizin ausspucken werde, bevor sie Zeit hatte, zu wirken. Ich kann nicht zu würgen aufhören. Mein Geist wird von spiralförmigen Farbmustern überflutet. Ich erbreche eine zunehmend geringere Menge einer bitteren Flüssigkeit, mein Körper verkrampft sich immer wieder, Schweiß tropft mir vom Gesicht, meine Nasenlöcher sind voll vom pflanzlichen Gestank des Mittels; dann werde ich ohnmächtig.

Hemming kniet neben mir und streichelt mein Gesicht mit einer nassen Kondorfeder. »Stephen«, flüstert er, »wir sind bei der Zeremonie.« Ich weiß nicht, wie lange ich bewusstlos war. Ich bin erschöpft. Ich liege regungslos auf dem

Rücken. Ich kann unmöglich aufstehen, geschweige denn herumlaufen. Selbst Sitzen ist eine Kraftanstrengung. Ich will, dass das, was meinen Körper überfallen hat, aufhört, aber ich kann nichts dagegen tun. Das ist unangenehm, aber ich bin weder ängstlich noch beunruhigt. Ich sage mir: Ich kann morgen keine weitere Tasse dieses sumpfigen Safts trinken.

Mit der Zeit versenkt sich mein Geist in Kontemplation. Mein Körper schmerzt immer noch, fühlt sich aber durch die Entleerung gereinigt an. Die Übelkeit, Kopfschmerzen und grippeähnlichen Symptome sind verschwunden. Ich spüre, dass sich etwas, was tief in mir verwurzelt war, aufgelöst hat, aber ich habe keine Ahnung, was es ist. Die Medizin scheint in die dunkelsten Ecken und Ritzen vordringen zu können, um, was auch immer sich dort noch festgesetzt hat, mitsamt der Wurzel auszureißen.

Ich fühle mich wieder bestärkt. Es ist, als hätte die Reinigung gewaltsam einen Durchlass aufgetan und mir ins Fleisch gebrannt, durch den neue Möglichkeiten hervortreten können. Dieser gereinigte Raum ist nichts anderes als Nirvana. Die Medizin lässt dich Nirvana kontemplieren, fühlen, schmecken und auskosten. Der Weg deines Lebens beginnt hier. Nirvana ist die Gebärmutter der Welt. Das eigentliche Gewebe dessen, was ich bin, ist gebärmutterartig; als wären meine Gedanken und mein Fleisch die Matrix, aus der ich jeden Augenblick geboren werde. Ich ruhe in einem stillen, ekstatischen Gewahrsein, voller Liebe für diese vertrauten Fremden, die zusammengerollt auf dem Boden um mich herum in der Dunkelheit liegen.

»Du entscheidest«, sage ich Hemming, als er fragt, welche Dosis ich in der nächsten Nacht möchte. Er schenkt mir ein halbes Glas ein, die gleiche Menge wie zuvor. Ich schlucke die Medizin. Sie schmeckt nicht mehr so widerlich und liegt mehr oder weniger ruhig in meinem Magen. Ich muss mich weder übergeben noch würgen.

Als Mutter Ayahuasca mich in ihre Arme nimmt, merke ich, dass ich mir letzte Nacht meine Anhaftung an den Buddhismus aus dem Leib gekotzt habe. In der Ohnmacht bin ich gestorben. Als ich wieder zu mir kam, wurde ich sozusagen wiedergeboren. *Ich muss diese Kämpfe nicht mehr ausfechten*, wiederhole ich für mich. *Ich bin nicht mehr länger ein Kämpfer in den Dharma-Kriegen.* Es fühlt sich an, als hätte sich der Lauf meines Lebens auf einen anderen Vektor verlagert, wie ein Zug, der von seinem gewohnten Gleis auf eine neue Strecke geleitet wurde.

Ich zittere und bebe, meine Arme und Hände schlottern, ich stöhne und gähne unkontrolliert. Hemmings Assistent Bruno bittet mich behutsam, mich aufrecht hinzusetzen, so dass ich weniger Geräusche von mir gebe. Ich habe den Eindruck, in andere Sphären zu gleiten, hierher zurückzukehren und dann wieder abzugleiten. Diese Reise ist wie eine Achterbahnfahrt durch das chaotische Feld von Dingen, aus denen wir unaufhörlich Bedeutung konstruieren.

In Intervallen singt Hemming *Icaro*, Heilgesänge, wobei seine einsame, emotionslose Stimme vom Rasseln getrockneter Maisblätter begleitet wird. Das spartanische Schauspiel hat etwas von der gespenstig fremdartigen Förmlichkeit des

No-Theaters. Ich öffne meine Augen und sehe eine schemenhafte Figur neben mir knien. Mitten im Gesicht hat sie einen orangefarbenen Feuerpunkt. Die orangefarbene Stelle glüht, dann bläst Hemming Tabakrauch über mich und presst seine Handfläche auf mein Herz. Ohne ein Gesicht wird Hemming zum verschrumpelten Schamanen, der diese Zeremonien jenseits unserer herkömmlichen Begriffe von Raum und Zeit durchführt.

Ich komme immer wieder auf das Buch zurück, an dem ich gerade schreibe, *Die Kunst, mit sich allein zu sein.* Ich erkunde alternative Wörter, formuliere Sätze neu, experimentiere mit der Kapitelstruktur. Ich bin davon überzeugt, dass meine Gedanken über dieses Buch, während ich hier auf diesem warmen Boden liege, in dem Moment, in dem ich sie denke, Teil des Buches werden. Ist das, was hier geschieht, bereits durch die innere Logik meines Textes bestimmt? Ist es von meinem Wissen gefärbt, dass ich darüber schreiben werde? Es ist so, als würde ich in einen Spiegel schauen, der einen anderen Spiegel widerspiegelt, so dass ich eine Unendlichkeit von Spiegelungen erblicke. Mein Leben und meine Arbeit haben sich so sehr ineinander verflochten, dass ich sie kaum mehr voneinander trennen kann.

Ayahuasca scheint seine Arbeit für mich getan zu haben. Beim bloßen Gedanken, es erneut zu trinken, dreht sich mir der Magen um. Ich bringe mir in Erinnerung, dass der Wirkungserfolg jeglicher Medizin darin besteht, einen Punkt zu erreichen, an dem man die Einnahme beenden kann. Wenn ich es immer noch nehmen muss, dann hat es mich noch nicht geheilt. Und wenn der Zweck pflanzlicher Heilmittel darin besteht, ein verschlossenes Herz zu öffnen, wie Andrés gesagt hat, dann muss ich ihren Wirkungserfolg an der Offenheit und Weite meines Herzens messen – nicht nur für die Dauer einer Zeremonie, was einfach ist, sondern auch dann, wenn ich von den Konflikten und Widersprüchlichkeiten des alltäglichen Lebens bestürmt werde.

32

Das Wort für »Abgeschiedenheit« lautet auf Pali und Sanskrit *Viveka*. Man könnte es auch mit »Trennung«, »Isolation« oder »Absonderung« übersetzen. Viveka heißt auf Tibetisch *dben pa*, was im Wörterbuch als die »Abwesenheit« oder »Leerheit« von etwas definiert wird. So wird der Begriff im Buddhismus verstanden. In hinduistischen Texten bedeutet Viveka ausnahmslos »Differenzierung«, »Unterscheidung«, »Einsicht« und »Urteilsvermögen«. Wie ist es dazu gekommen, dass dasselbe Wort in zwei indischen Traditionen, die sich Seite an Seite entwickelt haben, unterschiedliche Bedeutungen angenommen hat?

Wenn du eine Person von Ferne siehst, bist du möglicherweise zunächst lediglich in der Lage zu beurteilen, dass es sich eher um eine Frau als um einen Mann handelt. Wenn sie sich nähert, erkennst du allmählich, dass sie eher hell- als dunkelhäutig, eher jung als alt ist. Aber sie muss viel näher kommen, bis du siehst, dass es eher Maria als Judith ist. Mit jedem Schritt bist du in der Lage, gewisse Merkmale (weiblich, hellhäutig, jung) zu erkennen und andere (männlich, dunkelhäutig, alt) auszuschließen. Dieser Unterscheidungsprozess gelingt, indem du nach und nach Maria vom weiteren Wahrnehmungsfeld abgrenzt. Dadurch lässt du sie als eine unverwechselbare Person hervortreten, die für sich genommen existiert und sich von allem, was sie nicht ist, unterscheidet.

Ebenso trennst du dich durch den Rückzug aus der Welt in die Abgeschiedenheit von anderen ab. Indem du dich isolierst, kannst du klarer sehen, was dich von anderen Menschen unterscheidet. Dich auf diese Weise abzuheben bestätigt deine eigene Existenz (*ex* – [aus] + *sistere* [stellen]). Bist du befreit von sozialem Druck und sozialen Zwängen, kann dir die Abgeschiedenheit zu verstehen helfen, was für eine Art von Mensch du bist und wofür du lebst. Auf diese Weise wirst du von anderen unabhängig. Du findest deinen eigenen Weg, deine eigene Stimme.

Gotamas letzte Anweisung an seine Gemeinschaft war: »Seid euch selbst Inseln. Lasst euch selbst eure alleinige Zuflucht sein. Lasst den Dharma eure Insel sein. Lasst den Dharma eure alleinige Zuflucht sein.« Eine Insel ist ein Stück trockenes Land, das sich aus dem Wasser erhebt und gleichzeitig von ihm umgeben ist. Sie ist beides, abgesondert und abgeschirmt. Durch die Werte und Praktiken des Dharma, die du in dein eigenes Leben integriert hast, schaffst du dir eine Zuflucht vor dem Trubel, ein Mit-dir-Alleinsein, das dich in der nicht-reaktiven Leerheit des Geistes verweilen lässt. Diese Art, mit dir allein zu sein, ist Nirvana: ein klarer Raum der Freiheit, aus dem heraus du auf die Welt reagieren kannst, ohne von reaktiven Begierden, Ängsten, Hass und Meinungen überflutet zu werden.

Emil Cioran hat einmal ein Gedankenexperiment durchgeführt: »Ich habe ein Wort nach dem anderen aus meinem Vokabular eliminiert«, erklärt er. »Als das Massaker vorüber war, war ihm nur eines entkommen: *Einsamkeit*. Ich erwachte euphorisch.« Dann dämmerte es ihm: »Das einzige Mittel, deine Einsamkeit zu schützen, ist, jeden zu vergraulen, angefangen mit denen, die du liebst.« Śāntideva treibt diesen Gedankengang noch weiter. Aus seiner Sicht muss der zurückgezogen lebende Mensch der Welt gänzlich entsagen. »Niemandem Freundschaft erweisend, niemanden beneidend«, schreibt er, »weilt mein Körper in Abgeschiedenheit: Ich gelte schon als toter Mann. Keine Trauernden werden an meinem Grab stehen.«

Dann passiert etwas Merkwürdiges: Sobald er sich in seiner hart erkämpften Abgeschiedenheit eingerichtet hat, kehrt Śāntidevas Aufmerksamkeit wieder zu eben dieser Welt zurück, der er so mühevoll entsagt hat. Erst nachdem sein Geist zur Ruhe gekommen ist, sieht er, dass an ihm nichts Besonderes ist. Er unterscheidet sich nicht grundlegend von irgendjemand anderem. Wie der Dichter John Donne erkennt auch er, dass »kein Mensch eine Insel ist«. Er erlebt alle Lebewesen, einschließlich seiner selbst, als symbiotische Zellen eines riesigen Organismus. »Ich sollte dem Elend der anderen ein Ende bereiten«, besinnt er sich, »weil es Leiden ist, genau wie mein eigenes, und ich sollte ihnen helfen, weil sie fühlende Wesen sind, genau wie ich.« Dies sind nicht die abstrakten Schlussfolgerungen eines Moralphilosophen. »Wenn ich auf diese Weise lebe«, fährt er fort, »entsteht kein Dünkel. Es ist, als versorgte ich mich selbst; ich hoffe auf keine Gegenleistung.«

Hier liegt das Paradoxon des Mit-sich-Alleinseins. Schau in deiner Abgeschiedenheit lange und intensiv genug auf dich selbst und du wirst plötzlich den Rest der Menschheit zurückstarren sehen. Fortwährendes Alleinsein bringt dich an einen Wendepunkt, wo dich das Pendel des Lebens zu den anderen zurückführt. Ingmar Bergman zog sich auf die Insel Fårö zurück, um seine Filme zu konzipieren und seine Drehbücher zu schreiben. »Hier in meiner Einsamkeit«, notierte er in seinem Tagebuch, »habe ich das Gefühl, dass ich zu viel Menschentum in mir trage«, das »aus mir herausquillt wie aus einer Tube Zahnpasta; es will nicht innerhalb der Grenzen meines Körpers bleiben.«

In China, Korea und Japan wird in der Sequenz der Zen-Ochsenbilder ein Mann dargestellt, der der Fährte eines Ochsen (des undisziplinierten Geistes) in einen Wald folgt, das Tier aufspürt, es zähmt und sich schließlich in der Ruhe der Einsamkeit niederlässt, wo beide, Mann und Ochse, vergessen werden können. Sind die Mühen vorbei, verschwindet der Sich-Abmühende in einem *Enso*: einem leeren Zen-Kreis. Dann sehen wir, auf dem letzten Bild, den Mann »auf dem Marktplatz auftauchen, um zu lehren und zu verändern«. Agnes Martin dachte über das Jahrzehnt nach, das sie allein auf einer Hochebene in New Mexico verbracht hatte, und kam zu dem Schluss: »Ich blieb jahrelang dort oben und wurde genauso weise wie ein chinesischer Einsiedler. Dann entschied ich, dass es keine natürliche menschliche Lebensweise ist, so isoliert zu sein, also ging ich wieder hinunter.«

»Kein Genuss bereitet mir Vergnügen, wenn er nicht mit einem anderen geteilt wird«, überlegte Montaigne, »kein glücklicher Gedanke kommt mir in den Sinn, ohne dass es mich ärgert, ihn allein hervorzubringen, ohne jemanden, dem ich ihn antragen kann.« Selbst für Menschen, die die Einsamkeit nicht wählen, sondern denen sie auferlegt wurde, kann die Lektion die Gleiche sein. »Ich hatte niemals die Angewohnheit, Worte leichtfertig zu benutzen«, bemerkte Nelson Mandela. »Wenn 27 Jahre Gefängnis uns irgendetwas gebracht haben, dann war es, dass sie die Stille der Einsamkeit genutzt haben, um uns begreiflich zu machen, wie wertvoll Worte sind und wie effektiv Sprache die Art und Weise beeinflusst, wie Menschen leben und sterben.«

Letztlich geht es nicht darum, zwischen einem Leben in Einsamkeit und einem Leben in Bindung zu wählen, sondern beides mit offenen Armen anzunehmen und zu lernen, wie man ein gesundes Gleichgewicht zwischen beiden findet. In seinem Essai »Selbstvertrauen« schreibt Emerson:

> Es ist leicht, in der Welt gemäß der Auffassung der Welt zu leben, es ist leicht, in Abgeschiedenheit gemäß der eigenen Auffassung zu leben; aber derjenige Mensch hat wahre Größe, der inmitten der Menge mit vollkommener Anmut die Unabhängigkeit des Mit-sich-Alleinseins bewahrt.

In einem Blog, der sich an Studierende richtet, zitiert die Primatologin Jane Goodall diese Passage und stimmt Emerson zu. »Es ist so wichtig«, erklärt sie,

> dass wir die Unabhängigkeit des Mit-uns-Alleinseins suchen, wenn wir Veränderungen bewirken wollen. Statt uns von der ständigen Interaktion mit anderen überwältigen und ersticken zu lassen, ist es unerlässlich, dass wir einen Schritt zurücktreten und uns die nötige Zeit für uns allein gönnen, um darüber nachzudenken, was uns wirklich wichtig ist.

Entscheidend für John Keats Verständnis von Mit-sich-Alleinsein ist, dass es die Stille bietet, in der man ungestört einen gedankenvollen inneren Dialog führen kann. In seinem Sonnet »O Solitude« beschreibt er, wie er »den wirren Haufen finsterer Gebäude« hinter sich lässt und sich in die Hügel zurückzieht, »wo der schnelle Sprung des Rehs die Wildbiene von der Fingerhutglocke schreckt«. So sehr der Dichter solch ländliche Abgeschiedenheit genießt, so sehr erkennt er doch, seine größte Seelenfreude liegt

> in der Unterhaltung eines Unschuldigen rein und mild,
> dessen Worte sind verfeinerter Gedanken Bild.

In dieser kontemplativen Träumerei – während sich Konzepte zu Bildern kristallisieren und kreisende innere Monologe in Dialoge zwischen »zwei verwandten Seelen« übergehen – ist wahre Einsamkeit, wahres Mit-sich-Alleinsein, verwirklicht.

Anhang

Die Vier Achter

Die vier achtstrophigen Gedichte aus dem Aṭṭhakavagga des Sutta Nipāta

Aṭṭhakavagga bedeutet »Kapitel der Achter (Achter-Buch)«. Es ist das vierte der fünf Kapitel (*Vagga*), die den *Sutta Nipāta*, eine Sammlung von 1.149 Versen, bilden, die im *Khuddaka Nikāya* des Pali-Kanons zu finden ist. Das *Aṭṭhakavagga* besteht seinerseits aus 209 Versen, die in sechzehn Abschnitte unterteilt sind, von denen jeder *Sutta* (Lehrrede) genannt wird. Die vier Sutten, die ich hier übersetzt habe, tragen die Titel:

- *Guhaṭṭhakasutta (Die Lehrrede der Achter über die Zelle)*
- *Duṭṭhaṭṭaksutta (Die Lehrrede der Achter über das Falsche)*
- *Suddhaṭṭakasutta (Die Lehrrede der Achter über die Reinheit)*
- *Paramaṭṭakasutta (Die Lehrrede der Achter über das Letztendliche)*

Sie bilden den zweiten, dritten, vierten und fünften Abschnitt des *Aṭṭhakavagga* und umfassen die Verse 772-803 des *Sutta Nipāta*.

In den Anmerkungen seiner Übersetzung des *Sutta Nipāta* aus dem Jahr 1992 legt K. R. Norman nahe:

> Da die vier *Sutten*, die *Aṭṭhakavagga* in ihren Namen tragen, allesamt acht Strophen im Trisṭub-Versmaß umfassen, welches in Pāli ganz allgemein ein altes Versmaß ist, können wir vernünftigerweise annehmen, dass diese vier Sutten das Herzstück des *Aṭṭhakavagga* darstellen, zu dem andere Sutten hinzugefügt wurden.

Des Weiteren hat, obwohl das Kapitel »Achter-Buch« genannt wird, nicht ein einziges seiner anderen zwölf Sutten acht Strophen – sie enthalten zwischen sieben und zwanzig Strophen und variieren zudem im Versmaß.

Falls Mr. Normans Annahme korrekt ist, dann wären die vier Sutten ursprünglich ein eigenständiges, vier achtstrophige Gedichte umfassendes Werk gewesen. In dieser Weise behandele ich sie in meiner Übersetzung.

Ich behandele sie auch als ein literarisches Werk. Ich habe die formale Vier-Verse-Struktur jeder Strophe beibehalten und war bestrebt, eine Sprache zu finden, die einen einheitlichen Rhythmus und Wohlklang erzeugt. Ich habe Formulierungen gesucht, die den disruptiven Charakter der Gedichte einfängt. Infolgedessen ist meine Übersetzung freier als die anderen, unten aufgeführten Übersetzungen.

Die Titel der Sutten habe ich weggelassen, da sie mir kaum mehr als bequeme Merkhilfen zu sein scheinen, die aus den Wörtern des ersten Verses der ersten Strophe des Textes abgeleitet worden sind, aber keine besondere Bedeutung für das Thema des einzelnen Suttas haben.

Ich folge der Ausgabe der Pali Text Society des *Sutta Nipāta* von Dines Andersen und Helmer Smith (1913, nachgedruckt 1997). Zusätzlich habe ich die englischen Übersetzungen von H. Saddhatissa (1985), K. R. Norman (1992), Thanissaro Bhikkhu (1994–2013), John D. Ireland (1994–2013) und Gil Fronsdal (2016) zu Rate gezogen.

Für ein umfassendes Studium des *Sutta Nipāta* und seiner Kommentarliteratur, siehe Bhikkhu Bodhi, Übers., *The Suttanipāta: An Ancient Collection of the Buddha's Discourses Together with Its Commentaries* (Somerville, Mass.: Wisdom, 2017).

Die Vier Achter

Eins

Die Kreatur, in ihrer Zelle verborgen –
ein Mensch, in dunklen Leidenschaften versunken,
ist weit, weit davon entfernt, mit sich allein in Frieden zu sein.
Schwer ist es, loszulassen, was uns antreibt,

schwer, frei zu sein von Wünschen,
die uns an Daseinsfreuden binden,
du sehnst dich nach Vergangenem und Künftigem,
dürstest nach diesen Freuden im Jetzt – niemand anderes kann
dich retten.

Besessen, in törichtem Streben nach Vergnügen,
lässt du dich ein auf ein einsames, unausgewogenes Leben.
Du schreist vor Pein:
Was wird aus uns, wenn das hier endet?

Gleich jetzt solltest du dich üben.
Lass dich nicht vom Kurs abbringen,
von dem, was du als unausgewogen erachtest.
Das Leben ist kurz, erklären die Weisen.

Ich sehe Menschen auf dieser Erde zittern und bangen,
getrieben von Durst nach dem, was vor sich geht –
schwache Menschen plappernd im Munde des Todes,
mit ungestilltem Durst nach etwas und nach nichts.

Du siehst sie zittern um das, was ihnen gehört,
wie Fische in seichten Tümpeln einer trockenen Schlucht.
Wenn du das erkennst, so handle selbstlos –
hafte nicht an dem, was geschieht.

Nimm an, was dir entgegenkommt, und sei nicht davon besessen –
zügele deine Begierde, sonst verrennst du dich.
Vermeide, dem nachzugehen, wofür du dich tadeln musst –
die Weisen verirren sich nicht in Ansichten und Worte.

Nimm an, was du erkennst, und überquer die Fluten.
Der Weise ist nicht an Besitz gebunden –
Bleib wachsam, nachdem du den Pfeil herausgezogen –
sehn dich weder nach dieser noch nach der nächsten Welt.

Zwei

Leute mit irriger Denkweise äußern Meinungen,
Leute mit auf Wahrheit ausgerichteter Denkweise tun dies auch.
Wird eine Meinung unterbreitet, lässt sich der Weise nicht
    hineinziehen –
es gibt nichts Erstarrtes an einem Weisen.

Wie könnte ich, meinen Leidenschaften hörig –
selbstzufrieden und selbstbezogen –
über meine eigene Ansicht hinauswachsen?
So wie ich mich kenne, so artikuliere ich mich.

Die Person, die unaufgefordert
anderen von ihrer Moral erzählt
und Meinungen vorbringt über sich selbst –
unedel nennen die Vortrefflichen diese Art.

Mendikanten in Frieden, völlig gelassen,
stellen ihre Tugenden nicht zur Schau: *Hier bin ich!*
Es gibt niemanden wie mich auf der Welt –
für edel halten Vortreffliche diese Art.

Derjenige, der Lehren liebt,
die verzerrt sind, konstruiert und obskur,
und nur auf seinen eigenen Vorteil bedacht ist,
stützt sich auf einen Frieden mit wackligem Fundament.

Du greifst nach der Lehre, passend zu jenen Ansichten,
an die du dich gebunden hast und die du nicht aufgeben kannst.
In Einklang mit unseren Bindungen
lehnen wir eine Lehre ab oder nehmen sie an.

Nirgends klammert sich ein Klarsichtiger
an konstruierte Ansichten über »es ist« oder »es ist nicht«.
Wie könnte er dem erliegen, da er doch
Illusionen und Dünkel hinter sich gelassen hat? Darin ist er nicht
verstrickt.

Die Verstrickten lassen sich hineinziehen in widerstreitende
Ansichten über den Dharma.
Über welche Ansicht kannst du streiten mit jemandem, der nicht
verstrickt ist? Und wie?
Er nimmt keine Sichtweise an oder verwirft sie –
alle hat er abgeschüttelt, genau hier.

Drei

Ich schaue, was rein, erhaben, unfehlbar ist,
und bin geläutert durch diese Sicht.
Überzeugt von dem, was du für das »Höchste« hältst,
glaubst du, deine Sichtweise sei rein.

Dass ein Mensch durch Sichtweisen rein wird,
seinen Schmerz durch Wissen überwindet,
seine Anhaftungen von anderen aufgelöst werden –
äußerst du diese Ansichten, gibst du eine Meinung preis.

Reinheit ist nichts Fremdes,
sagt der Priester, nicht verstrickt in Ansichten und Worte,
Ideen und Regeln, Gut und Böse.
Er hat verworfen, was er glaubte – und baut hier nichts auf.

Wenn du eines fallen lässt, ergreifst du das Nächste –
von Selbstbesorgnis angetrieben.
lehnst du Ansichten ab und nimmst sie an,
wie ein Affe einen Ast loslässt und einen anderen ergreift.

Du gelobst, allein zu praktizieren,
nur um im Griff der Vorstellungen hin und her zu schwanken.
Die Weisen erleiden weder Höhen noch Tiefen –
sind dem Dharma durch Wissen und Lernen begegnet.

Jemand, der keine Einwände gegen die Dinge hat,
sieht, was vor seinen Augen ist, ist offen für das Gesagte,
er handelt im Einklang mit dem, was er wahrnimmt.
Wer soll ihn hier beurteilen? Nach welchem Maß?

Er macht's nicht kompliziert, schmeichelt nicht,
ist misstrauisch gegenüber »Perfektion« –
hat die Knoten, die binden, durchtrennt,
und nährt keine Sehnsucht nach irgendwas.

Der Priester ohne Begrenzungen
beharrt nicht auf dem, was er weiß oder betrachtet hat.
Nicht leidenschaftlich, nicht leidenschaftslos,
ernennt er nichts zum Höchsten.

Vier

Jemand, der in »endgültigen« Ansichten verweilt
und sie als unumstößlich darstellt,
wird alle anderen Ansichten für »minderwertig« erklären –
Meinungsstreitigkeiten hat er nicht überwunden.

Seinen eigenen Vorteil sehend,
ergreift er in dieser Weise Besitz von Ansichten, Worten,
Regeln und Vorstellungen –
und betrachtet alles andere als falsch.

Die Vortrefflichen meinen, er setze andere herab,
weil er sich selbst in Knoten gebunden hat.
Der Mendikant verwickelt sich nicht
in Ansichten, Worte, Vorstellungen oder Regeln.

Er klügelt keine Sichtweise aus
aufgrund von Wissen oder Moral –
weder beansprucht er gleichwertig zu sein
noch hält er sich für besser oder schlechter.

Er lässt von einer Position ab, ohne eine andere einzunehmen –
er ist nicht bestimmt durch das, was er weiß.
Er schließt sich auch keiner abweichenden Fraktion an –
er nimmt überhaupt keine Ansicht an.

Er lässt sich nicht in Sackgassen locken
von »etwas« und »nichts«, »dieser Welt« und »der nächsten« –
denn ihm fehlen jene Bindungen,
die Menschen zum Erwägen und Ergreifen von Lehren bringen.

Es gibt keine Spur von Einbildung
in seiner Wahrnehmung von Ansichten, Worten und Vorstellungen –
wer soll den Priester beurteilen, der keine Ansichten hat?
An welchem Maßstab kannst du ihn messen?

Er macht's nicht kompliziert, schmeichelt nicht,
er hat keinerlei Lehren angenommen.
Du kannst diesen Priester nicht nach seinen Regeln messen,
er ist darüber hinausgegangen – mit nichts, worauf er
zurückgreifen kann.

Glossar

ATARAXIE (griechisch). Wörtlich: »Unerschütterlichkeit«. Innere Geistesruhe. Ein zentrales Ziel der pyrrhonischen und epikureischen Philosophie.

AYAHUASCA (Quechua). Ein Sud, der aus der *Banisteriopsis-caapi*-Liane und Blättern der *Psychotria-viridis*-Pflanze gebraut wird und in schamanischen Medizinkreisen in Peru, Brasilien und anderswo in Südamerika verwendet wird.

BODHISATTVA (Sanskrit. Pali: Bodhisatta). Im frühen Buddhismus der Beiname Gotamas vor seinem Erwachen. Im Mahāyāna-Buddhismus ein Mensch, der das Erwachen zum Wohle anderer anstrebt.

BUDDHA (Pali und Sanskrit). Wörtlich: »der Erwachte«. Ein Beiname, der Gotama und anderen, die das Erwachen erreicht haben, gegeben worden ist.

CHACAPA (Quechua). Eine rituelle Blätterrassel, die in schamanischen Medizinkreisen benutzt wird.

DHARMA (Sanskrit. Pali: Dhamma). Wörtlich: »Gesetz«. Dharma bezieht sich sowohl darauf, zu was Gotama erwachte, als auch auf die Lehren, Werte und Praktiken, die zum Erwachen führen.

DJUKPI (koreanisch). Ein in der Mitte gespaltener Holzstab, der zum Erzeugen eines klatschenden Tons benutzt wird, um den Beginn und das Ende von Abschnitten in der Zen-Meditation anzuzeigen.

ENSO (japanisch). Ein in einem einzigen Pinselstrich ausgeführter Kreis, der die Leerheit symbolisiert.

GOTAMA (Pali. Sanskrit: Gautama). Ein Philosoph aus dem Königreich Kosala in Nordostindien, der als Buddha (ca. 480 – ca. 400 v. Chr.) bekannt geworden ist. Seine Lehren bilden die Grundlage der buddhistischen Religion. Ein Zeitgenosse von Sokrates.

ICARO (Quechua). Gesänge, die von einem Schamanen in Medizinkreisen rezitiert werden.

JHĀNA (Pali. Sanskrit: Dhyāna). Wörtlich: »Meditation«. Im Buddhismus wird der Begriff oft auf die vier Phasen der Vertiefung der Sammlung bezogen, manchmal »Vertiefungen« oder »Versenkungen« genannt.

MAHĀYĀNA (Sanskrit). Wörtlich: »Großes Fahrzeug«. Eine buddhistische Reformbewegung, die ungefähr 400 Jahre nach Gotamas Tod begann. Die buddhistische Schule, die in Ost- und Zentralasien dominiert.

MAÑJUŚRĪ (Sanskrit). Im Mahāyāna Buddhismus der Bodhisattva der Weisheit.

MARA'AKAME (Huichol). Ein Ältester oder Schamane des Huichol-Stamms in Mexiko.

MESA (spanisch). Wörtlich: »Tisch«. Ein Tafelberg, einige befinden sich beispielsweise im Südwesten der USA.

METATE (spanisch). Ein Mahlstein zum Mahlen von Körnern.

OM MANI PADME HUM (Sanskrit). Das Mantra des Avalokiteśvara, des Bodhisattva des Mitgefühls.

NIRVANA (Sanskrit. Pali: Nibbāna). Das Ende von Gier, Hass und Verblendung. Innerer Frieden und Freiheit des Geistes. Ein zentrales Ziel buddhistischer Praxis.

PALI (Pali). Das mittel-indoarische Prakrit (die gesprochene Sprache), in dem Gotamas Lehren memoriert und dann niedergeschrieben worden sind.

PALI-KANON. Die fünf Sammlungen (Nikāya) der Lehren Gotamas und seiner Schüler, in der Sprache Pali verfasst.

PEYOTE (spanisch, abgeleitet aus dem Aztekischen). *Lophophora williamsii.* Ein kleiner stachelloser Kaktus, der in schamanischen Medizinkreisen in Mexiko und anderswo verwendet wird.

PRAJÑĀ (Sanskrit). Weisheit, Verständnis, Unterscheidung.

RAMPJAAR (niederländisch). Ein *annus horribilis*, ein schreckliches Jahr.

SĀDHANĀ (Sanskrit). Eine rituelle Praxis, bestehend aus Rezitation, Visualisierung und Meditation, die im tantrischen Buddhismus praktiziert wird.

SAMATHA (Pali und Sanskrit). Geistige Ruhe, die durch Sammlung verwirklicht wird.

SAMĀDHI (Pali und Sanskrit). Sammlung des Geistes, Konzentration.

SAMANTABHADRA (Sanskrit). Im Mahāyāna-Buddhismus der Bodhisattva, der die grundlegende Gutheit verkörpert.

ŚĀNTIDEVA (Sanskrit). Mahāyāna-buddhistischer Dichter-Mönch aus dem achten Jahrhundert, Autor von *Anleitung zum Leben als Bodhisattva.*

SFUMATO (italienisch). Maltechnik, Farben und Farbtönungen ineinander verschwimmen zu lassen, wodurch die Konturen weicher werden.

SOJU (koreanisch). Eine koreanische Spirituose.

STUPA (Sanskrit). Ursprünglich ein Grabhügel; heute ein kuppelförmiges architektonisches Bauwerk, das in ganz Asien als Symbol für den Buddha und den Dharma dient.

SUTTA (Pali). Eine Lehrrede, die Gotama oder einem seiner direkten Schüler zugeschrieben wird.

VAJRAYOGINĪ (Sanskrit). Eine weibliche Gottheit, die in tantrisch-buddhistischen Praktiken visualisiert wird.

VIPASSANĀ (Pali. Sanskrit: Vipaśyanā). Einsicht oder Einsichtsmeditation.

VIVEKA (Pali und Sanskrit). Abgeschiedenheit.

YAMĀNTAKA (Sanskrit). Eine zornvolle männliche Gottheit, die in tantrisch-buddhistischen Praktiken visualisiert wird.

ZEN (japanisch. Koreanisch: Sŏn. Chinesisch: Chan) Wörtlich: »Meditation«. Der Begriff leitet sich von dem Wort Jhāna ab. Eine ostasiatische buddhistische Tradition, die disziplinierte kontemplative Praxis als Weg zum Erwachen betont.

Bibliografie

Einleitung

Batchelor, Stephen. *Alone with Others: An Existential Approach to Buddhism.* New York: Grove, 1983. [*Mit anderen allein: Eine existenzialistische Annäherung an den Buddhismus.* Theseus, 1992]

Katharina von Siena. *Letter (no. 49) to Monna Alessa dei Saracini.* www.drawnbylove.com/Scudder%20letters.m#2M-Alessa.

Fronsdal, Gil. *The Buddha before Buddhism: Wisdom from the Early Teachings.* Boulder, Colo.: Shambhala, 2016.

Hugo, Victor. *La fin de Satan.* 1886; Paris: Gallimard, 1984.

–––. *Choses vues. Nouvelle série.* Paris: Calmann Lévy, 1900.

Wordsworth, William. *Selected Poems.* Hrsg. Stephen Gill. London: Penguin, 2004.

Kunst und Mit-sich-Alleinsein

[GELB]

(Kapitel 3, 7, 11, 14, 17, 21, 25, 32)

Auden, W. H. *Collected Poems.* Hrsg. Edward Mendelson. New York: Modern Library, 2007.

Avigdor, Leon d'. *Agnes Martin: Between the Lines.* Dokumentarfilm, 2016.

Batchelor, David. *Chromophobia.* London: Reaktion, 2000. [*Chromophobie: Angst vor der Farbe.* Facultas, 2002.]

–––. *The Luminous and the Grey.* London: Reaktion, 2014.

Buddhist Television Network. *Revering the Memory of Master Kusan Sunim 01.* Koreanischsprachiges Video, auf YouTube verfügbar. Der Teil über Baekun Am beginnt bei 11:04.

Buswell, Robert. *The Korean Approach to Zen: The Collected Works of Chinul*. Honolulu: University of Hawaii Press, 1983.

Cioran, E. M. *The Trouble with Being Born*. Übers. Richard Howard. London: Quartet, 1993. [*Vom Nachteil, geboren zu sein*. Suhrkamp, 1979.]

Dehejia, Vidya. *Early Buddhist Rock Temples: A Chronological Study*. London: Thames and Hudson, 1972.

Emerson, Ralph Waldo. *Self Reliance and Other Essays*. 1841; New York: Dover, 1993.

Fergusson, James. *History of Indian and Eastern Architecture*. London: John Murray, 1910.

Gruen, John. »›What We Make, Is What We Feel‹: Agnes Martin on Her Meditative Practice.« 1976; *ARTnews*, 2015.

Hutchinson, John, et al. *Antony Gormley*. London: Phaidon, 1995, erw. Ausgabe 2000.

Jelley, Jane. *Traces of Vermeer*. Oxford: Oxford University Press, 2017.

Keats, John. *Letters of John Keats*. Hrsg. Robert Gittings. Oxford: Oxford University Press, 1970. [Werke und Briefe. Reclam, 1995.]

Kull, Robert. *Solitude: Seeking Wisdom in Extremes*. Novato: New World Library, 2008. Fotos und weitere Informationen online bei ›Kull's solitude project‹ www.bobkull.org.

Lamotte, Étienne. *History of Indian Buddhism: From the Origins to the Śaka Era*. Übers. Sara Webb-Boin. Leuven: Peeters, 1988.

Maitland, Sara. *A Book of Silence*. London: Granta, 2008. [Das Buch der Stille: Über die Freuden und die Macht von Stille. edition steinrich, 2017.]

Martin, Agnes. *Writings/Schriften*. Hrsg. Dieter Schwarz. Ostfildern: Cantz-Verlag, 1993.

Martin, Henry. *Agnes Martin: Pioneer, Painter, Icon*. Tucson: Shaffner, 2018.

Mayer, Musa. *Night Studio: A Memoir of Philip Guston*. München: Sieveking Verlag, 1998.

Morris, Frances, and Tiffany Bell. *Agnes Martin*. Ausstellungskatalog. New York: D.A.P. / Distributed Art Publishers, 2015.

Page, H. A. *Thomas de Quincy: His Life and Writings*. 2 Bände. London: 1877.

Princenthal, Nancy. *Agnes Martin: Her Life and Art*. New York: Thames and Hudson, 2015.

Śantideva. *Śikshā-Samuccaya: A Compendium of Buddhist Doctrine*. Übers. Cecil Bendall und W. H. D. Rouse. 1922; Delhi: Motilal Banarsidass, 1971.

Schütz, Karl. *Vermeer: The Complete Works*. Köln: Taschen GmbH, 2015. [*Vermeer: Das vollständige Werk*. Taschen, 2017.]

Thoreau, Henry David. *Walden*. Hrsg. Jeffrey S. Cramer. 1854; New Haven: Yale University Press, 2004. [*Walden oder Leben in den Wäldern*. Nikol, 2016]

Van Dusen, Caitlin. »The Other Side of Appearance: An Interview with Antony Gormley.« *Tricycle, the Buddhist Review*, Herbst 2002.

Vermeer, Johannes. *Schlafendes Mädchen* (1656–57), *Dienstmagd mit Milchkrug* (1658–61), *Straße in Delft* (1658–61), *Junge Frau mit Wasserkanne am Fenster* (1662–64), *Lautenspielerin am Fenster* (1662–64), *Briefleserin in Blau* (1663–64), *Frau mit Waage* (1663–64), *Junge Dame mit Perlenhalsband* (1663–64), *Briefschreiberin in Gelb* (1665–67), *Die Spitzenklöpplerin* (1669–70), *Die Malkunst* (1666–68), *Bei der Kupplerin* (1656). Für Details, siehe www.essentialvermeer.com.

Waiboer, Adrian E, mit Arthur K. Wheelock und Blaise Ducos. *Vermeer and the Masters of Genre Painting: Inspiration and Rivalry*. Ausstellungskatalog. New Haven: Yale University Press, 2017.

Kontemplation

[Rot]

(Kapitel 1, 8, 12, 16, 20, 22, 28, 30)

Anālayo. *Satipaṭṭhāna: The Direct Path to Realization*. Cambridge: Windhorse, 2003. [*Der direkte Weg – Satipaṭṭhāna*. Beyerlein & Steinschulte, 2010.]

Arbel, Keren. *Early Buddhist Meditation: The Four Jhānas as the Actualisation of Insight*. London: Routledge, 2016.

Batchelor, Stephen. *The Faith to Doubt: Glimpses of Buddhist Uncertainty*. 1990; Berkeley: Counterpoint: 2016.

---. *Verses from the Center: A Buddhist Vision of the Sublime*. New York: Riverhead, 2000. [*Verse aus der Mitte: Eine buddhistische Vision des Lebens*. edition steinrich, 2011.]

Batchelor, Stephen, and Martine Batchelor. *What Is This? Ancient Questions for Modern Minds*. Wellington, N.Z.: Tuwhiri, 2019.

Bodhi, Bhikkhu, Übers. *The Connected Discourses of the Buddha: A New Translation of the Saṃyutta Nikāya*. Somerville, Mass.: Wisdom, 2000.

Brasington, Leigh. *Right Concentration: A Practical Guide to the Jhānas*. Boston: Shambhala, 2015. [*Das Glück der Meditation: Wegweiser in die Jhānas*. Jhana, 2010.]

Eliot, T. S. *Collected Poems, 1909–1962*. London: Faber and Faber, 1963.

Hadot, Pierre. *The Inner Citadel: The Meditations of Marcus Aurelius*. Übers. Michael Chase. Cambridge: Harvard University Press, 1998. [*Die innere Burg: Marc Aurels Philosophie als Haltung*. Gatza bei Eichborn, 1997.]

Hart, William. *The Art of Living: Vipassanā Meditation: As Taught by S. N. Goenka*. London: HarperOne, 1987. [*Die Kunst des Lebens: Vipassana-Meditation nach S. N. Goenka*. dtv, 2006.]

Horner, I. B., Übers. *Milinda's Questions*. 2 Bände. Bristol: Pali Text Society, 1963–64.

Kusan Sunim. *The Way of Korean Zen*. Boston: Weatherhill, 2009.

Ñāṇamoli, Bhikkhu und Bhikkhu Bodhi, Übers. *The Middle Length Discourses of the Buddha (Majjhima Nikāya)*. Boston: Wisdom, 1995.

Shankman, Richard. *The Experience of Samādhi: An In-depth Exploration of Buddhist Meditation*. Boston: Shambhala, 2008.

Śāntideva. *A Guide to the Bodhisattva's Way of Life*. Übers. Stephen Batchelor. Dharamsala: LTWA, 1979.

Siff, Jason. *Unlearning Meditation: What to Do when the Instructions Get in the Way*. Boston: Shambhala, 2010. [*Meditation verlernen: Was tun, wenn Anleitungen im Weg sind*. Arbor, 2015.]

Walshe, Maurice, Übers. *The Long Discourses of the Buddha: A Translation of the Dīgha Nikāya*. Boston: Wisdom, 1995.

Zangpo, Thogmé (Thogs med bzang po). *Byang chub sems dpa'I spyod pa la 'jug pa'i 'grel pa legs par bshad pa'i rgya mtsho*. Sarnath, India: Pleasure of Elegant Sayings Printing Press, 1974.

Heilmittel

[WEISS]

(Kapitel 4, 6, 9, 15, 19, 23, 26, 31)

Badiner, Allan, and Alex Grey, Hrsg. *Zig Zag Zen: Buddhism and Psychedelics*. 2002; Santa Fe: Synergetic, 2015.

Burroughs, William S. und Allan Ginsberg. *The Yage Letters: Redux*. Hrsg. Oliver Harris. New York: Penguin, 2008.

Castañeda, Carlos. *Journey to Ixtlan*. New York: Simon and Schuster, 1972. [*Reise nach Ixtlan: Die Lehre des Don Juan*. Fischer, 1976.]

Demange, François. *Metsa: De l'ombre à la lumière: Voyages d'un guérisseur chez les chamanes*. Paris: Mama, 2014.

Guerra, Ciro. *Embrace of the Serpent (El abrazo de la serpiente)*. Feature film, 2015.

Hari, Johann. *Chasing the Scream: The First and Last Days of the War on Drugs*. London: Bloomsbury, 2015. [*Drogen: Die Geschichte eines langen Krieges*. Fischer, 2017.]

Huxley, Aldous. *The Doors of Perception and Heaven and Hell*. New York: Harper and Row, 1963. Zuerst 1954 erschienen als *Doors of Perception*. [*Die Pforten der Wahrnehmung: Himmel und Hölle*. Piper, 1970.]

---. *The Perennial Philosophy*. London: Chatto and Windus, 1946. [*Die ewige Philosophie: Philosophia perennis*. Hans-Nietsch, 2008.]

Levinas, Emmanuel. *Ethics and Infinity: Conversations with Philippe*

Nemo. Übers. Richard A. Cohen. Pittsburgh: Duquesne University Press, 1985. [*Ethik und Unendliches: Gespräche mit Philippe Nemo.* Passagen, 2008.]
McKenna, Terence. *Food of the Gods: The Search for the Original Tree of Knowledge*. New York: Bantam, 1992. [*Speisen der Götter: Die Suche nach dem ursprünglichen Baum der Weisheit*. The Grüne Kraft, 1996.]
Osto, Douglas. *Altered States: Buddhism and Psychedelic Spirituality in America*. New York: Columbia University Press, 2016.
Pinchbeck, Daniel. *Breaking Open the Head: A Psychedelic Journey into the Heart of Contemporary Shamanism*. New York: Broadway, 2002. [*Den Kopf aufbrechen*. Goldmann, 2003.]
Pollan, Michael. *How to Change Your Mind: The New Science of Psychedelics.* New York: Penguin, 2018. [*Verändere Dein Bewusstsein: Was uns die neue Psychedelik-Forschung über Sucht, Depression, Todesfurcht und Transzendenz lehrt*. Antje Kunstmann, 2019.]
Wilson, Frances. *Guilty Thing: A Life of Thomas De Quincey*. London: Bloomsbury, 2016.
[Tabakstatistiken: www.cdc.gov/tobacco/data_statistics/fact_sheets/fast_facts/index.htm
Alkoholstatistiken: www.niaaa.nih.gov/alcohol-health/overview-alcohol-consumption/alcohol-facts-and-statistics.]

Philosophie

[BLAU]

(Kapitel 2, 5, 10, 13, 18, 24, 27, 29)

Bakewell, Sarah. *How to Live: A Life of Montaigne in One Question and Twenty Attempts at an Answer*. London: Vintage, 2010. [*Wie soll ich leben? Oder das Leben Montaignes in einer Frage und zwanzig Antworten*. C. H. Beck, 2016.]
Carlisle, Clare. *Philosopher of the Heart: The Restless Life of Søren Kierkegaard*. London: Allen Lane, 2019.
Conche, Marcel. *Pyrrhon ou l'apparence*. Paris: PUF, 1994.
Desan, Philippe. *Montaigne: A Life*. *Übers*. Steven Rendall und Lisa

Neal. Princeton: Princeton University Press, 2017. (*Montaigne: Une biographie politique*. Paris: Odile Jacob, 2014.)

Ellis, Robert M. *The Buddha's Middle Way: Experiential Judgment in His Life and Teaching*. Sheffield: Equinox, 2019.

Emerson, Ralph Waldo. *Representative Men: Seven Lectures*. Boston: Phillips, Sampson, 1850.

Greenblatt, Stephen. *The Rise and Fall of Adam and Eve*. London: Vintage, 2017. [*Die Geschichte von Adam und Eva: Der mächtigste Mythos der Menschheit*. Siedler, 2018.]

---. *The Swerve: How the World Became Modern*. New York: Norton, 2011. [*Die Wende: Wie die Renaissance began*. Pantheon, 2013.]

Greenblatt, Stephen und Peter G. Platt, Hrsg. *Shakespeare's Montaigne: The Florio Translation of the Essays*. New York: New York Review Books, 2014.

Lenoir, Frédéric. *Le miracle Spinoza: Une philosophie pour éclairer notre vie*. Paris: Fayard, 2017.

Lucretius. *The Nature of Things*. Übers. A. E. Stallings. London: Penguin, 2007. [*Über die Natur der Dinge*. dtv, 2017.]

Montaigne, Michel de. *Montaigne: Les Essais*. Modernem Französisch angepasst von André Lanly. Paris: Gallimard, 2009.

---. *The Complete Essays*. Übers. und Hrsg. M. A. Screech. London: Penguin, 1991.

---. *Les Essais: Edition conforme au texte de l'exemplaire de Bordeaux*. Hrsg. Pierre Villey. Paris: PUF, 1924.

[*Essais: Erste moderne Gesamtübersetzung.* Übers. Hans Stilett. Die Andere Bibliothek, 2016.]

Vázquez, Manuel Bermúdez. *Philosophical Scepticism and Its Tradition in Michel de Montaigne's Essais.* Ph.d. thesis, University of Edinburgh, 2012.

Anhang

Norman, K. R., Übers. *The Group of Discourses* (Sutta Nipāta). Oxford: Pali Text Society, 2001.

Danksagungen

Ich bin Fortunas Töchtern – Léa Fages, Monique Bisson, Martine Batchelor, Evelyne Fages-Decortes, Léna Decortes, Judith Bisson, Constance Bisson, Valentine Bisson, und Cécile Bisson –, die eine entscheidende Rolle bei der Organisation des Materials gespielt haben, zu Dank verpflichtet.

Ich bin meiner Agentin, Anne Edelstein, und meiner Herausgeberin, Jennifer Banks, zutiefst dankbar für ihr Engagement und ihre Sorgfalt bei der Veröffentlichung von *The Art of Solitude*. Ich danke auch Cindy Spiegel für ihre scharfsinnigen redaktionellen Beiträge und ihre unerschütterliche Begeisterung für das Projekt.

Mein Verständnis für die politischen Rahmenbedingungen während Montaignes Lebens speist sich in erster Linie aus Philippe Desans Meisterstück *Montaigne: Une biographie politique* (Englisch: *Montaigne: A Life*).

Während der gesamten Zeit, in der ich an diesem Buch schrieb, wurde ich von meinen Kolleginnen und Kollegen sowie den Studierenden am Bodhi College inspiriert, unterstützt, in Zaum gehalten und herausgefordert. Ich danke euch allen.

Ich möchte den Einfluss der Schriften von William S. Burroughs, Ernest Hemingway, Karl Ove Knausgaard und Georges Perec auf dieses Buch würdigen.

Zahlreiche weitere Personen haben zu *Die Kunst, mit sich allein zu sein* beigetragen, ob sie sich dessen nun bewusst waren oder nicht. Im Speziellen möchte ich mich bedanken bei Keren Arbel, Yelena Avramenko, Allan Badiner, David Batchelor, Susan Blackmore, André van der Braak, Leigh Brasington, Guy Claxton,

Régine Coleman, Anne Marie de Winter, Robert Ellis, Danielle Follett, Gil Fronsdal, Sarah Gillespie, Richard Gombrich, Antony Gormley, Saskia Graf, Manon Grier, Joan Halifax, Dan Heaton, Winton Higgins, Hyonho Sunim, Elisabeth Kools, Robert Kull, Stefan Lang, Christian Mähler-Besse, Nacho Maldondo Martínez, Ramsey Margolis, Ken McLeod, Thomas Metzinger, Vanja Palmers, John Peacock, Julie Püttgen, Ursula Richard, Stephen Schettini, Rainer Scheurenbrand, Shantum Seth, Carmel Shalev, Andrés Sierra, Jason Siff, Carina Stone, Tom Tillemans, Don Toño, Helen Tworkov, Manuel Villaescusa, Gay Watson und Sean Williams.

Über den Autor

STEPHEN BATCHELOR, 1953 in Schottland geboren, lehrt weltweit buddhistische Philosophie und Meditation. Er ist Autor zahlreicher Bücher, unter anderem von *Buddhismus für Ungläubige*, *Bekenntnisse eines ungläubigen Buddhisten* und *Jenseits des Buddhismus*, und Mitbegründer des Bodhi College. Er lebt mit seiner Frau Martine in Frankreich.
www.stephenbatchelor.org